时代华商
物业管理
策划中心

组织编写

智慧物业管理与服务系列

物业服务
案例全解析

全国百佳图书出版单位

化学工业出版社

·北京·

内容简介

《物业服务案例全解析》一书由客户服务篇（业主委员会管理、二次装修管理和邻里纠纷调解），安保服务篇（物业小区治安管理、物业小区消防管理、物业小区出入管理、物业小区车辆管理和物业小区高空坠物管理），设施设备篇（设施设备管理和停水停电管理），绿化保洁篇（物业绿化管理和物业保洁管理），以及日常管理篇（人力资源管理、突发事件处理、服务收费管理和公共收益管理）五部分内容组成。

本书采用图文解读的方式，让读者在轻松阅读中了解物业管理与服务的要领并学以致用。本书尽量做到去理论化，注重实操性，以精确、简洁的方式描述重要知识点，满足读者希望快速掌握物业管理相关知识的需求。

本书可作为物业公司基层培训的教材，物业公司也可运用本书内容，结合所管辖物业的实际情况，制定有本公司特色的物业服务工作标准。

图书在版编目（CIP）数据

物业服务案例全解析/时代华商物业管理策划中心组织编写. —北京：化学工业出版社，2022.9（2023.5 重印）
（智慧物业管理与服务系列）
ISBN 978-7-122-41676-6

Ⅰ.①物… Ⅱ.①时… Ⅲ.①物业管理-商业服务-案例 Ⅳ.①F293.33

中国版本图书馆CIP数据核字（2022）第105473号

责任编辑：陈 蕾　　　　　　　　　　装帧设计：溢思视觉设计
责任校对：宋 玮　　　　　　　　　　　　　　　　E-mail: isstudio@126.com

出版发行：化学工业出版社（北京市东城区青年湖南街13号　邮政编码100011）
印　　刷：北京云浩印刷有限责任公司
装　　订：三河市振勇印装有限公司
710mm×1000mm　1/16　印张15　字数255千字
2023年5月北京第1版第2次印刷

购书咨询：010-64518888　　　　　　售后服务：010-64518899
网　　址：http://www.cip.com.cn
凡购买本书，如有缺损质量问题，本社销售中心负责调换。

定　　价：69.80元　　　　　　　　　　　　版权所有　违者必究

随着城市化进程的不断加快与深入，居民社区、写字楼、大型商场、公共基础服务设施、工业园区、学校、医院、景区等都对物业管理这一行业有着极大的需求。但是，针对不同等级的物业标准又对物业管理的要求提出了相应的规范，而现代高水平的物业管理正有推向智能化发展的趋势，打造一个便捷、舒适、高效、智能的物业管理氛围是现代物业管理不断向前发展的探索目标。

目前，物业管理行业不仅需要强化各项信息化手段在现代物业管理中的应用力度，还应促使现代物业管理向着智能化方向发展。具体要求要突出现代物业管理的智能化内涵，满足现代化社区对物业管理的要求，为居民提供更加智能化、人性化的服务，推动物业服务高质量发展。

2020年，住房和城乡建设部、工业和信息化部、国家市场监督管理总局等6部门联合印发的《关于推动物业服务企业加快发展线上线下生活服务的意见》中明确指出，要推进物业管理智能化，强调推动设施设备管理智能化。在物业管理行业逐渐进入泛智慧化的新阶段，设施设备作为物业管理领域中的重点和难点，同时也是融合新技术进行价值赋能最好的试验田，成为各物业公司的"必争之地"，其中以建筑智能化为抓手进行数字化转型已成为发展智慧物业的主要落脚点之一。

智慧物业借助智慧城市、智慧社区起步发展，正逐步实现数字化、智慧化。智慧停车、智慧安防、智慧抄表、智能门禁、智能会议等智能化应用，在一定程度上提高了物业管理企业的态势感知、科学决策、风险防范能力，在激烈的市场竞争中为降本增效提供了充分的技术保障，进而增强企业的数字化治理能力。数字化治理是新时代下智慧物业管理应用的鲜明特征，将引领物业管理行业管理方式的深刻变革，推动面向建筑智能化的智慧物业应用迈向新高度。

现代物业管理既是机遇又是挑战，因此，物业服务企业要重视各类专业的智能化管理技术，从劳动密集型向技术密集型转变，不断学习更新管理服务技术，紧跟科技潮流，向着更广阔的发展前景迈进。

基于此，我们组织相关职业院校物业服务专业的老师和房地产物业咨询机构的老师联合编写了本书。

《物业服务案例全解析》一书由客户服务篇（业主委员会管理、二次装修管理和邻里纠纷调解）、安保服务篇（物业小区治安管理、物业小区消防管理、物业小区出入管理、物业小区车辆管理和物业小区高空坠物管理）、设施设备篇（设施设备管理和停水停电管理）、绿化保洁篇（物业绿化管理和物业保洁管理）、日常管理篇（人力资源管理、突发事件处理、服务收费管理和公共收益管理）等内容组成，可为物业管理者提供参考。

本书在编写过程中引用的范本和案例，大都来自知名物业企业，但范本和案例是解读物业服务企业标准化实操的参考和示范性说明，概不构成任何广告。

由于编者水平有限，加之时间仓促、参考资料有限，书中难免出现疏漏，敬请读者批评指正。

编　者

目录

Contents

第一部分 **客户服务篇**

1

第二部分　41

安保服务篇

第三部分
103

设施设备篇

第十章　停水停电管理　123

第四部分

131

绿化保洁篇

第五部分
153

日常管理篇

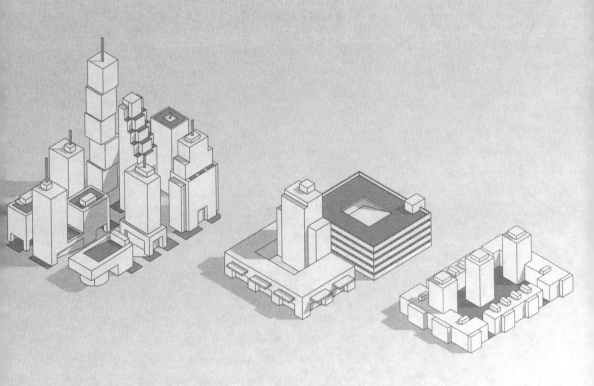

第一部分
Part one

客户服务篇

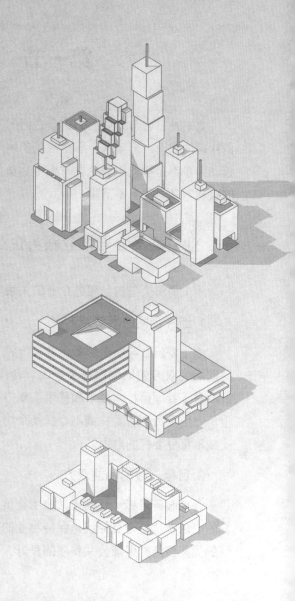

第一章　业主委员会管理

随着物业服务行业的发展、业主维权意识的提高，越来越多的小区开始探索成立业主委员会（简称业委会）。业委会是业主大会的执行机构和全体业主的代言人，物业服务企业能否处理好与业委会的关系，事关业主权益的保障和小区的和谐发展。

第一节　管理要点

业主委员会与物业服务企业之间的不和谐，会制约行业的发展，甚至阻碍和谐社区的建设。近年来，诉至法院的物业管理纠纷案件呈明显上升趋势，究其原因，大多都是物业服务企业与业主委员会在物业管理中的法律关系不明确，各自的权利与义务关系不清晰。

一、业主委员会与物业服务企业的关系

业主委员会与物业服务企业的关系表现在以下几个方面：

1.经济合同的平等双方

业主委员会与物业服务企业是一种委托与受托的关系，签订物业管理服务合同前后，双方的地位都是平等的。合同签订前，双方可以双向选择；合同签订时，对于管理目标、要求和费用，双方要协商一致。双方没有隶属关系，在法律上，业主委员会有委托或不委托某个物业服务企业的自由，物业服务企业也有接受或不接受委托的自由。

2.目标一致的利益双方

管理服务目标一经确定，业主委员会与物业服务企业双方就成了物业管理目标的追求者。这个目标就是保持物业的完好、保障物业使用的方便安全、维护环境的优美整洁、保证公共秩序的良好。在这个目标下，物业服务企业要以优质的

服务为物业使用提供管理服务，而这种管理服务的本质就是维护物业业主和使用人的利益。双方的委托与受托关系，融合在一致的目标之中；各方的行为都不能影响和损害这种目标的实现。

3.劳务和经济交换的双方

劳务和经济交换关系是在经济合作关系下产生的，体现了有偿的等价交换原则。一方要求对方提供优质廉价的服务，另一方要求对方支付费用，这是一种对立统一的关系。当出现矛盾时，双方可以协商解决，也可以对合同进行修改与补充；当矛盾不能通过协商解决时，双方可以依法申诉，甚至提起诉讼。

4.职权范围各不相同的双方

物业服务企业是具体的作业单位，实施日常管理的作业组织，在合同范围内，业主委员会要与之合作并给予帮助，必要时建立协调工作会议制度，定期召开联席会议，解决管理中遇到的一些问题。同时，业主委员会要对物业服务企业的专业管理进行监督、检查。物业服务企业和业主委员会要及时向业主大会或业主代表大会报告物业管理工作。

二、物业服务企业要与业主委员会多沟通

业主委员会的角色是独特的，委员们都来自于业主，因此也都了解业主们的心态，知道该用什么方法处理好一些棘手的事；而且委员们来自社会的各行各业，有丰富的社会经验和高超的处事技巧。所以，物业服务企业在日常工作中应与之进行有效的沟通，以获得他们的支持与帮助。在沟通时要注意：

1.角色转换

在与业主委员会的交流和沟通中，物业服务企业的工作人员要给予业主委员会足够的尊敬，要让他们有发言权和用武之地。

业主委员会中的委员都来自于业主，他们生活在广大的业主中间，因此他们对业主的了解和业主对他们的信任是同等程度的，有了这种天然联系，业主委员会作出的决定也就容易被广大业主所接受。因此，物业服务企业应积极与业委会沟通，在某些事情的处理上向其寻求帮助。

2.合作与独立

合作是一门学问，合作中讲究妥协和理解。物业服务企业和业主委员会应该保持各自独立的存在和独立的特性，两者既特立独行又形影不离。

第二节　案例解析

案例01：业主自发成立业主委员会合法吗

案例背景

　　某小区内只有少数业主入住，却已经成立了业主委员会。业主委员会是业主在网上联络发起成立的，有100人左右，还推选了一位业主委员会主任，负责在网上联络各位业主。物业管理处犯疑：这样的业主委员会合法吗？物业服务企业该怎么办？

案例点评

　　业主委员会是业主自治管理的核心，根据惯例，其成立要具备一些必要的条件，并履行必需的程序，这样该组织才是合法的。业主委员会成立的程序一般是：公有住宅出售建筑面积达到一定比例；新建商品住宅出售建筑面积达到一定比例，且成立程序在相关规定中有明确介绍。本案例中，小区业主委员会显然未按组织程序成立，因此不具备法律地位，是不合法的组织。

　　从与业主长远合作的角度出发，物业服务企业首先应肯定业主这种自治管理的民主意识，但也要宣传业主委员会成立的相关法规政策，指出他们目前这种做法的不合法性，并提出积极的建议。同时，物业服务企业还要表明积极帮助业主的愿望，以及与其友好合作的心意，甚至可以协助他们成立业主委员会，办理各种手续。

案例02：业主委员会如何解聘物业服务企业

案例背景

　　原告程某（女），系北京市朝阳区小庄×号×号楼×层×房屋的产权人。被告分别为北京市朝阳区中国第一商城业主委员会（以下简称"业委会"）与北京仲量联行物业管理服务有限公司第一分公司（以下简称"仲量物业公司"）。两被告分别于2009年4月21日与2012年4月26日签订了"北京市物业服务合同"，约定业委会委托仲量物业公司对原告所住小区进行物业服务。2017年4月，业委会与仲量物业公司续签了"北京市物业服务合同"，约定仲量物业公司继续对涉案小区进行物业管理，服务期限自2017年5月1日至2022年4月30日。关于该物业服务合同，小区业主曾申请政府公开信息，朝阳区房屋管理局答复为，朝阳区房管局未对本案所涉物业服务合同进行备案，合同的合法来源证明不存在。于是，程某提起诉讼，将业委会及仲量物业公司诉至法院，请求确认2017年4月业委会与仲量物业公司签订的"北京市物业服务合同"无效。

被告业委会称，2017年4月签订的合同系属续签，已经在公共橱窗向全体业主公示。原告对此予以否认，而业委会也未能提供证据证明专有部分占建筑物总面积过半数的业主且占总人数过半数的业主同意业委会续签物业服务合同。

因此法院判决，北京市朝阳区中国第一商城业主委员会与北京仲量联行物业管理服务有限公司第一分公司于2017年4月签订的"北京市物业服务合同"无效。

业委会与北京仲量物业公司对一审判决不服，均向北京市第三中级人民法院上诉，北京第三中级人民法院经依法审理做出终审判决：驳回上诉，维持原判。

案例点评

《中华人民共和国民法典》（简称《民法典》）第二百七十八条规定，选聘和解聘物业服务企业，应当由专有部分面积占比三分之二以上的业主且人数占比三分之二以上的业主参与表决，并经参与表决专有部分面积过半数的业主且参与表决人数过半数的业主同意。业主大会成立后，业主委员会应当与业主大会选聘或者续聘的物业服务企业签订物业服务合同；签订合同时，业主委员会应当出具业主大会选聘或者续聘物业服务企业的决定和业主委员会的合法有效证明。本案例中，业委会称已采用橱窗公告的方式征求业主意见，可就公告内容而言，只是向业主发出通知，不能确定是业委会依法征求业主的意见。因此，业委会与仲量物业公司于2017年4月签订的"北京市物业服务合同"未经法定程序，违反了《民法典》的规定，应属无效。

案例03：物业服务合同终止，物业公司应及时办理移交

💼 案例背景

2007年1月1日，某谷物业公司与新乡某谷房地产开发有限公司签订了"前期物业管理委托合同"，约定由某谷物业公司对某谷时代广场二期提供前期物业管理服务，管理期限自合同生效之日起至该小区业主委员会与其所选聘的物业管理企业签订的物业管理服务合同生效之日止。2018年2月11日，某谷时代广场二期召开第二届业主大会，选举产生了二期业委会，并向所在街道办备案。二期业委会多次书面通知某谷物业公司对业主反映的"电梯故障，限制业主充水、充电，监控设备故障"等问题进行整改，但双方协商无果。2019年3月8日，二期业委会发出"关于召开新乡市某谷时代广场二期全体业主（楼长）代表大会的公告"，准备召开业主（楼长）代表大会，对小区选聘新物业管理公司等有关事宜进行表决。2019年3月31日，二期业委会发出公告载明"……业主代表大会同意并授权二期业委会面向社会公开、公平、公正以招标、议标、邀标的方式重新选聘物业公司，自公告之日起由业主委员会立即执行……"，公告上有该小区所在办事处监督员范某、张某，社区监督员齐某、崔某的签字。

2019年4月18日，二期业委会与某伟招标有限公司签订招标代理合同，委托该公司为小区二期物业管理项目实施招标。2019年4月22日，二期业委会向某谷物业公司发出邀请函，邀请其报名参加小区物业服务项目的投标工作。2019年5月16日，某鼎物业公司中标，并于2019年5月29日与二期业委会签订物业服务合同。

二期业委会于2019年8月21日向法院提起诉讼，要求某谷物业公司撤离该小区，并移交相关资料及设施等。

法院认为：2019年5月29日，二期业委会经公开招标的形式已另行与某鼎物业公司签订物业服务合同，某谷物业公司未能中标，至此，"前期物业管理合同"因合同约定的条件成就而终止，故二期业委会要求某谷物业公司搬离小区，并向其移交物业服务用房及监控设施，于法有据。另《物业管理条例》规定，在办理物业承接验收手续时，建设单位应当向物业服务企业移交竣工总平面图，单体建筑、结构、设备竣工图，配套设施、地下管网工程竣工图等物业管理所必需的资料。物业服务企业应当在前期物业服务合

同终止时将上述资料移交给业主委员会。因此法院判决，某谷物业公司搬离案涉小区，并向二期业委会移交物业服务用房、监控设施、地下车库及物业管理资料等。

案例点评

当建筑建成后，需要开始对建筑物及相关设施进行管理，且随着业主逐步入住，卫生、安保、停车等相关服务需求同步产生，因此，在初期甚至开发商销售房屋的相当长一段时期内，由建设单位先行选择物业服务企业并与之签订前期物业服务合同是惯常做法。但法律对此类合同进行了一定的约束，即前期物业服务合同在约定期限届满或期限虽未满但业主委员会与其他物业服务企业签订的物业服务合同生效的，前期物业服务合同终止。

业主有权作出选聘新物业公司的决定，但按法律规定应符合专有部分占建筑物总面积及业主人数占总人数"双过半"要求。如果主张未达此要求，涉及的法律问题是合同是否可撤销而非合同本身是否生效。根据《民法典》的规定，对业主大会作出的选聘物业服务企业的决定，及业主委员会与物业服务企业签订的物业服务合同提出异议，并行使撤销权的主体是小区的业主而非提供前期物业服务的企业。

物业服务企业交接在形式上表现为原企业退出物业服务区域等，但本质上是物业服务企业移交物业管理权。这些义务并非源于当事人的合同约定，而是源于法律规定，属法定义务。因此，物业服务合同终止后物业服务企业应当履行的后合同义务主要有退出物业服务区域，移交物业服务用房、相关设施、资料等。

案例04：业主委员会选聘新的物业公司后，原物业公司无权继续收取物业费

案例背景

2014年5月16日，某友物业公司与海某汉都小区业主委员会签订了"海某汉都物业服务合同书"，并二次续签。2018年4月26日，某友物业公司在小区公告栏发布"海某汉都全体业主告知书"，声明物业服务合同到期后，

如在2018年5月10日前未召开业主大会决定续签物业服务合同，其将依约退出服务。后双方未续签合同，某友物业公司也未退出物业服务。双方多次协商未果后，2018年7月22日，海某汉都业主委员会向某友物业公司发出书面解聘通知。2018年8月2日，海某汉都业主委员会发布选聘新物业公司的公告。期间，因某友物业公司退出小区及办理交接手续等事宜，双方发生争议，多次前往相关办事处、居委会等部门协调。新物业某智慧服务公司于2018年12月份正式入驻该小区。

王某轩为该海某汉都小区业主，因对物业服务不满意，从2014年4月28日起未交纳物业费用。因此，某友物业公司将王某轩诉至法院，请求依法判令：王某轩支付拖欠的2014年4月28日至2018年11月28日的物业服务费及利息4875元。

关于某友物业公司是否有权主张2018年4月29日至2018年11月28日的物业服务费。最高人民法院的解释规定，物业服务合同的权利义务终止后，业主委员会请求物业服务企业退出物业服务区域，移交物业服务用房、相关设施、物业服务所必需的相关资料和由其代管的专项维修资金的，人民法院应予支持。物业服务企业拒绝退出、移交，并以存在事实上的物业服务关系为由，请求业主支付物业服务合同权利义务终止后的物业费的，不予支持。本案中，2018年4月29日至2018年11月28日，双方签订的物业服务合同到期后，小区业委会虽尚未和新的物业服务公司签订物业服务合同，但已明确要求某友物业公司退出物业服务区域，某友物业公司仍请求支付该期间的物业费，无法律依据，不予支持。

关于物业服务费的标准，某友物业公司的物业服务虽存在一定瑕疵，但基本完成了物业服务合同约定的服务事项，综合考虑案涉因素，对物业费酌情予以调整，在原收费的基础上扣减20%。扣除2018年4月29日至2018年11月28日期间的物业费，并扣减20%后，王某轩应支付物业费为3365元。

案例点评

在实践中，一些物业服务企业缺乏服务意识，存在公共设施维护与垃圾清理不及时、车辆乱停乱放、安保措施不利等问题。法律规定，这种情况下，业主委员会有权解除、更换物业服务企业。物业服务合同期满后，业主委员会选择与新物业服务企业签订服务协议，原物业服务企业应当在约定期限或者合理期限内退出物业服务区域，将物业服务用房、相关设施、相关资料等交还给业主委员会或者新的物业服务企业，配合新物业服务企业做好交接工作，并如实告知物业的使用和管理状况。如果原物业服务企业不配合物业设施及资料的移交，拒不退出小区，其无权要求业主支付物业服务合同终止后的物业费；造成业主损失的，还应当赔偿损失。

本案例中，法院依法保障了业主委员会更换不称职的物业服务公司的权利，对物业服务企业继续占用小区物业服务设施，强行收取物业费的行为进行了否定，这样有利于做好新旧物业服务企业的移交工作，并保证物业服务的质量与连续性。

案例05：业主委员会的决定也要合法

案例背景

某住宅小区的王先生搬进新房子已经有一个多月了，按理说乔迁新居是一件高兴的事，但这一个多月来，王先生心里却总有个疙瘩解不开。王先生平时喜欢上网，就在一个月前，他正准备给自己的新家安装宽带时，却在小区物业那里碰了钉子。

小区物业告诉他，现在除了某某公司的宽带外，其他公司的宽带都装不成，而且这是经过小区业主大会、业主委员会决定通过的。由于以前的网络一直用得很顺手，所以王先生并不愿意更换新的宽带服务商。

由此，王先生家的宽带一直拖着没装成，给他的生活也带来诸多不便。

案例点评

本案例涉及两个法律问题：一是本案中业主大会、业主委员会作出的决定是否合法；二是业主大会、业主委员会作出的决定是否可以撤销。

选择哪家网络运营公司属小区业主共同享有的权利。《消费者权益保护法》第九条规定，消费者享有自主选择商品或者服务的权利。王先生对于网络服务的自由选择权显然受到了侵害。小区业主大会、业主委员会决定小区仅能安装某某公司一家宽带的行为，是不合法的。

《物业管理条例》第十二条规定，业主大会或者业主委员会的决定，对业主具有约束力。业主大会或者业主委员会作出的决定侵害业主合法权益的，受侵害的业主可以请求人民法院予以撤销。本案中，业主大会、业主委员会对于该小区仅安装某某一家宽带的决议是否合法，是王先生进行维权的一个关键。若此大会决议的程序违法，又或者该决议的内容对王先生权益造成了侵害，王先生都可以请求法院撤销该小区业主大会、业主委员会的决定。

案例06：任期已满的业主委员会还具有民事主体资格吗

🧳 案例背景

××高尔夫花园首届业主委员会于2016年12月24日成立，至2019年12月23日任期届满。2019年8月10日，××高尔夫小区第二次业主大会会议作出决定，授权××业委会向小区前期物业服务公司——××物业追讨小区全部公共收益，用于小区的公共设施维护、修缮等公共事业。2021年1月，保利业委会向红谷滩区人民法院提起诉讼，要求××物业返还公共收益590.528万元（暂定）。

红谷滩区人民法院认为，××业委会任期已满，不再是民法意义上合法成立的其他组织，不具有民事诉讼主体的权利能力与行为能力，故××业委会并非适格原告，所以法院依法驳回其起诉，并责令××业委会将相关档案资料、印章等交社区封存。

××业委会不服一审裁定，提起上诉。南昌市中级人民法院认为，在未经法定程序撤销的情况下，该小区首届业委会作为业主自治组织，其民事主体资格一直存在，并具备相应的诉讼权利能力和行为能力。业主委员会的换届选举及备案，应属于业主委员会内部组成人员的变动或组织的变更，并不影响和改变已依法成立的业主委员会的民事主体资格。首届业委会虽然任期届满，但逾期未换届，在新的业委会没有成立前，其仍可以继续履行业委会的职责。遂撤销一审裁定，指令红谷滩区人民法院审理。

📋 案例点评

业主委员会作为业主大会的执行机构，在履职过程中不可避免地需要通过诉讼途径维护全体业主的合法权益。尽管业主委员会的诉讼主体资格已逐步得到了法律的认可，但相关政府部门对该问题的理解仍存在误区。

本案中，业委会作为一个组织，其依法成立后，民事主体资格一直存在；业委会成员履职资格的产生和终止依法只能由全体业主决定；业委会内部组成人员的变动与否，不影响业委会的主体资格；业委会成员任期届满后，在新的业委会成员未产生前，原业委会成员仍可以继续履职。

最终，南昌市中级人民法院基于法律规定及××高尔夫花园小区全体业主已经明确授权××业委会继续履职的事实，依法撤销一审裁定，确认了××业委会的民事诉讼主体资格。

案例07：一个物业管理区域应由一个物业服务企业实施物业管理

💼 案例背景

红谷小区由江西××房地产开发有限公司分四期开发，一期共有住宅24栋；二期共有住宅5栋；三期为欧尚国际公馆和欧尚购物商场；四期共有高层住宅11栋，同步建设的洋房7栋。整个小区共有4176户，建筑面积386939平方米。南昌××物业管理有限公司系该小区的前期物业服务企业，因其未能依照约定履行前期物业服务合同，业主强烈要求更换。2019年底，该物业公司亦向乌沙河社区发函，称其将在2020年2月底前退出该小区。因当时小区尚未成立业主委员会，乌沙河社区考虑各方因素，向新建区房管局、长堎镇政府报告后，于2019年底正式代为履行业委会职责，并于2020年9月16日与新的物业服务企业签订了物业服务合同。

2020年11月，该小区第二届业主委员会经新建区房管局批复正式备案成功，宣告成立。南昌××物业管理有限公司于2020年10月1日正式退出了该小区一期、二期、四期高层及洋房，上述区域由新的物业企业进行了接管。该业主委员会多次催促南昌××物业管理有限公司尽快依法退出该小区三期欧尚国际公馆区域，将该区域物业管理服务移交新的物业服务企业，并于2021年1月4日发出书面通知，但对方仍拒不退出、交接。该业委会遂向法院提起诉讼，主张南昌××物业管理有限公司退出红谷小区三期欧尚国际公馆，并移交各类重要物业管理资料。

法院认为，案涉小区一、二、三、四期属于同一物业管理区域，一个物业管理区域应由一个物业服务企业实施物业管理。新签订的物业服务合同已生效，前期物业服务企业的终止条件已成就。遂支持了业委会的全部诉请。

📑 案例点评

　　该案例重申了物业管理条例中"一个物业管理区域应由一个物业服务企业实施物业管理"的原则，是法律规定在现实中的准确实施。该案件的判决结果有利于督促物业服务企业更好地为业主提供高质量的服务。选聘和解聘物业服务企业是业主的权利，良性的出入机制有利于切实提升业主的幸福感和获得感。

案例08：业主委员会有权按合同约定解聘物业公司

💼 案例背景

　　2019年3月6日，××物业公司与新丰丽都业委会签订了"物业管理服务合同"，合同期限为2019年1月1日至2021年12月31日。双方约定，××物业公司从合同签订之日起6个月内将既有问题整改到位；合同期内必须按国家相关法律法规、物业服务规范及本小区公示的标准提供物业服务，否则业委会可按章解除合同，物业公司不得要求经济补偿等。在"物业管理服务合同"签订之日起6个月内，××物业公司没有将小区既有问题整改到位；另外，其提供的某些物业服务没有达到合同约定的服务标准。

　　2019年12月15日，新丰丽都花园小区召开2019年度业主大会，在社区干部监督下，业主对"撤销执行'物业管理服务合同'"事项进行表决，并投票通过。12月16日，新丰丽都业委会对业主大会表决事项作出公告。12月17日，新丰丽都业委会向××物业公司发出"联系函"，预通知××物业公司在公告期满后正式解除"物业管理服务合同"。12月18日，××物业公司向新丰丽都业委会发出"工作联系回函"，表示已收到"联系函"，对于联系函的全部内容不予接受，不承认有违反合同内容的行为，要求小区业主大会、业主委员会立即停止违法侵权行为。2019年12月31日，新丰丽都业委会向××物业公司发出"联系函"，通知××物业公司，其与新丰丽都业委会签订的"物业管理服务合同"于2020年1月1日起正式解除，并于2020年1月1日起正式进入交接期，交接时间不超过3个月，交接内容按江西省现行物业管理条例及原合同约定执行。因双方对此未能达成一致，××物业公司向法院提出诉讼，新丰丽都业委会对此也提起反诉。

　　一审法院认为，根据合同约定和法律规定，业主委员会有权召开业主大会对物业服务企业进行依法解聘。在小区业主大会形成"撤销执行业委会2019年3月6日与××物业所签物业管理服务合同"的决议，并以书面方式告知后，物业管理服务合同即终止。××物业公司应当依法退出物业管理区域，移交物业管理用房、相关设施及物业服务相关资料。因此，新丰丽都业委会的相关诉讼请求符合法律规定，予以支持。

📑 案例点评

本案例中，业主委员会通过订立具体可行的物业服务合同条款对物业服务企业进行了有效的约束。基于物业服务合同，经业主大会决议，业主委员会有权终止物业服务合同、解聘物业服务企业，并要求其退场、移交用房、移交设施及相关资料。

案例09：业主委员会有没有起诉权

💼 案例背景

一小区业主委员会向法院提起诉讼，状告陈某长期违法占用小区地下二层公共区域停放车辆。

面对起诉，陈某辩解说，车位是他买的。之前，他与开发商签订了一份"补充协议"，约定开发商将该车位（无产权）的使用权无偿提供给陈某，使用期限为60年。

但业委会认为，陈某占用的是公共区域，属全体业主共有，开发商并无处分权利。因此，业委会请求法院判令陈某立即停止侵占。

近日，厦门中院作出终审裁定，驳回了业委会的诉讼请求。法院认为，本案中，原告业委会未能证明本次诉讼已经过业主大会讨论决定。

📑 案例点评

《物业管理条例》第十九条规定：业主大会、业主委员会应当依法履行职责，不得作出与物业管理无关的决定，不得从事与物业管理无关的活动。

因此，业主委员会只能在涉及住宅小区全体业主公共利益的物业管理纠纷范围内具有诉讼主体资格。也就是说，业主委员会在其职责范围内，经业主代表大会授权，可就与物业管理有关的、涉及全体业主公共利益的事宜，以物业公司为被告向法院起诉。与物业管理无关的、个别或部分业主的事宜，业主委员会无权向法院提起民事诉讼。

案例10：业主委员会有权决定是否聘用物业公司

💼 案例背景

某小区物业管理公司原由小区开发商聘请，业主入住后对该物业管理公司不满意，双方矛盾很大，于是小区业主委员会决定解聘该公司。但该物业公司称：其与开发商有委托管理合同，且业主购楼时与开发商的契约中已订明"同意开发商委托的物业管理公司管理"，因此，业主现在无权解聘物业管理公司；业主称服务质量不好，但无法举证，且物业管理服务质量没有统一标准，所以物业管理公司不存在违约，如果业主坚持解聘，就要承担相应的违约责任。为此，业主与物业管理公司争执不下，诉诸于法院。

📑 案例点评

本案例涉及物业管理法律关系问题。物业管理法律关系产生、变更的基础是协议委托。在物业管理过程中，物业管理公司的管理权来自产权人的委托授权。在物业开发阶段，产权是开发商的，因而这时只有开发商有权决定请哪一家物业管理公司参与开发和日后过渡期的管理；在业主入主后，由于产权的转移，物业管理的决定权也随之转移，由业主所有权派生出来的管理权或委托管理权自然也就属于业主。因此，开发商委托的物业管理公司在完成了过渡期的管理后，物业管理的决定权就从开发商手上转移到了业主手上，业主委员会可以根据对原开发商聘用的物业管理公司的考察，来决定是续聘还是改聘。

本案例中，物业管理公司拒绝交出管理权的理由不能成立，业主委员会在与物业管理公司自行协商不成的情况下，可请求政府主管部门行政调解或提起司法诉讼。

第二章　二次装修管理

二次装修是物业管理服务活动的一个重要阶段，做好物业装修管理对于保证物业管理水平、维护业主共同利益有着重要的作用。

第一节　管理要点

一、二次装修可能引发的问题

二次装修是一项综合工程，由此带来的问题也是多种形式的，如：

（1）安全隐患问题。

（2）建筑外观的形象问题。

（3）侵占他人（公众）利益。

（4）违规装修。

（5）破坏环境卫生。

（6）施工人员管理。

（7）施工噪声。

（8）相邻业主关系的处理等。

二、加强二次装修管理的措施

物业公司要避免以上问题的发生，可采取以下措施加以控制：

1.制定装修管理规定，并进行宣传

物业管理企业要依据政府的法规，结合不同物业小区的实际情况，制定适合于本物业小区的装修管理规定。装修管理规定，应该成为物业小区装修管理的作业规程，对装修活动的相关各方都具有约束力。

装修管理规定制定以后，要利用多种途径和方式进行大力宣传，把引导、教育和培训的工作做在前头。比如，将装修管理规定放到开发商的售楼处，或者张

贴在建筑施工现场某个醒目的位置，让业主/准业主事先了解有关规范和要求，再加上销售人员对购房人的宣传解释，可以减少很多装修方面的矛盾和纠纷。

2.环境管理

物业公司要注重电梯的养护，派专人看护电梯轿厢，以免被装修材料碰坏；要定时清扫电梯间、消防通道卫生，不要堆放装修垃圾，要保证消防通道畅通。

3.秩序维护

保安人员要正确引导车辆出入小区，并记录车牌号码；检查进入小区的人员，区分业主与装修人员，并驱逐广告业务人员；定时巡楼，检查施工现场安全，并督促装修现场配备灭火器，做好安全提示。

4.定时巡查

工程维修人员应定时检查施工现场，查看主体结构、管线、闭水试验、检查孔的预留、天然气、空调主机位及落水管的安装、排烟道以及热水器排气孔的预留等，发现问题，立即发出整改通知。

第二节　案例解析

案例01：物业工作人员能否在业主装修期间进行检查

📁 案例背景

小刘刚刚买了一套房子，在办理审批手续过程中，小刘和物业管理处员工发生争执，相处得不是很愉快。因此，在装修期间，小刘拒绝了物业管理处工作人员进入房内检查，理由是这是他本人的私人空间，没有他的同意别人不允许进入。

📖 案例点评

《住宅室内装饰装修管理办法》中明确规定：装修人不得拒绝和阻碍物业管理单位依据住宅室内装修管理服务协议的约定，对住宅室内装饰装修活动进行监督检查。本案例中，因为该业主在装修申请时已经和物业管理处签署了住宅室内装饰装修管理服务协议，所以该业主不能拒绝和阻碍物业管理处进行正当的监督检查工作。物业管理处的工作人员依照相关的法律法规行使监督权，确保业主在装修过程中不出现违反规定的装修行为，从而保证了楼宇自身的安全和业主的公共利益。

当然，物业管理处的工作人员在进入业主房间进行例行检查时，必须按要求穿工作服，佩戴工作证，先敲门向作业人员表明身份和目的后，方可进入。在室内部分已经铺好地板情况下，工作人员必须穿鞋套或脱鞋进入。

物业管理企业在对业主装修活动进行监督和检查时，一定要有礼有节，这不但是对业主的尊重，也是物业管理企业社会形象的正确体现。

案例02：物业服务企业是否应当为业主违法装修承担责任

💼 案例背景

李某在湖景名城住宅小区新买了一套商品房，在接收房屋准备装修时，湖景名城小区物业公司通知其须办理相关手续。李某按照要求办理了手续，物业公司也按照法律规定对其说明了装修过程中的禁止行为及相关注意事项。后来在李某的装修过程中，业主张某向物业公司反映，李某装修过程中存在违法装修问题，张某的房屋因李某的装修受到损害。物业公司管理人员到现场发现，因李某的装修，整个房屋震动强烈，部分墙体出现裂缝。物业人员向李某说明了情况，李某认为这是他自己的房子，想怎么装修就怎么装修。张某则要求李某赔偿，并要求物业公司承担后果，因为其没有尽到管理义务。双方遂起争议，最终，张某将物业公司和李某诉至法院。

法院经审理认为，李某的装修行为严重侵害了住宅小区其他业主的合法权益。尽管李某装修的是自己的房屋，别人无权干涉，但是其没有按照法律法规的规定进行装修，致使相关业主权益受损，应当依法承担相应的法律责任。物业公司在李某进行装修前便履行了相关的告知义务，也合理地进行了物业管理活动，因此，不应承担李某装修导致的法律后果。

📋 案例点评

民事诉讼中的共同被告不一定都要承担连带责任。但是，这并不妨碍当事人将符合法律规定的共同被告诉诸法院。物业装修管理是物业服务企业的义务之一。

本案例中，物业服务企业已经履行了法定的告知义务；而业主李某虽然也事先将装修事宜告知了物业服务企业，但是其认为自己的房子自己做主，这显然是对建筑物专有部分所有权的误解，从而侵害了其他业主的合法权益。《民法典》第二百七十二条规定，业主对其建筑物专有部分享有占有、使用、收益和处分的权利。业主行使权利不得危及建筑物的安全，不得损害其他业主的合法权益。例如，业主在专有部分装修时，不得拆除房屋内的承重墙，不得在专有部分储藏、存放易燃易爆等危险物品。

物业服务企业履行了法定的告知义务，而李某却一意孤行，当然要为其违法行为承担相应的法律后果。

案例03：装修垃圾堵塞管道引起的漏水事故

📁 案例背景

某小区的物业公司按照制订的维修维护计划，对小区内所有的污水管网进行了检查和疏通，一切正常。就在检查疏通完几天后，楼上某业主家装修，施工人员违反了物业装修管理规定，擅自将装修残余水泥、油漆等倒入地漏，后经排水管道流至该楼主管弯头处，堵塞了本楼的管道。楼上住户的污水排不出去，便慢慢从楼下詹先生家的地漏处冒出来。

管理处发现跑水后，马上通知詹先生，詹先生当时不在家，两小时后，詹先生与物业公司职员才一同来到现场，发现部分木地板已被水淹。找到故障点后，物管职员立刻消除了堵塞现象。

詹先生认为物业公司没有尽到管理职责，于是向物业公司提出索赔要求。

📋 案例点评

本案例中，詹先生家受损的原因是下水管道堵塞，而下水管道堵塞的原因是其他业主乱倒装修废弃物。在这两个环节当中，物业公司已经很好地履行了管理职责。首先，物业公司按计划对房屋和公共配套设施进行了维护、养护，且在事发的前几日还对该楼污水管进行了例行清理。其次，物业公司也按照规定与该装修业主及施工队签订了装修协议书，要求其交纳了装修押金，告知其应遵守的规定，并派职员至装修现场巡视。而装修工人偷偷将废弃物倒入极为隐蔽的污水管道中，这种情况已经超出了物业公司的管理范围，所以，物业公司不应承担任何赔偿义务。

案例04：业主擅自更换外墙玻璃

📁 案例背景

黎某是小区内的一位业主，有一次她在媒体中发现一种玻璃可以增加室内光线，且还能够随外部温度变化调节室内温度。于是几经周折买到了这种玻璃，没有经过物业公司的同意，就拆除了原有玻璃，安装了新买的玻璃，结果由于玻璃颜色与整个小区的色彩反差很大，严重影响了小区整体统一的布局，就此，管理处向黎某提出异议。

黎某认为产权是她自己的，她家的玻璃愿意用什么颜色就用什么颜色，拒不拆换。之后管理处多次协调、回访，本着"着重调解"的原则向黎某宣读了《民法典》《物业管理条例》等，物业公司有法有据，最后黎某拆除了有色玻璃。

▄ 案例点评

在处理类似事件时，物业公司一定要懂得运用法律法规来与业主沟通，毕竟这是一个法制社会，只要把管理工作做到家，动之以情，晓之以理，相信一定会取得业主的理解和支持。

案例05：业主违规安装防盗网

📁 案例背景

某高档小区一业主正在装修新房，其他部位装修后，他提出要安装防盗网，包括阳台部分。物业管理员接到通知后立刻到达现场，向业主说明小区不许安装防盗网的情况。但业主态度非常强硬，质问管理员为什么不能安装阳台防盗网，假如失盗怎么办？管理员从三方面向业主作了解释：

第一，安装防盗网，给人的感觉像在笼子里生活一样，既不美观又让人心情压抑。

第二，按照国家有关消防规定，不允许安装任何防盗网，假如室内失火，防盗网给职员的疏散和消防救火都会带来不利影响。

第三，本小区是一个智能化小区，每家每户都有智能安防系统，并且小区24小时不中断巡逻，没有必要安装防盗网。如真想安装防盗网，只能根据小区的要求安装在室内。

最后，业主同意将防盗网安装在室内。

案例点评

安装防盗网的事情应根据"业主手册""业主公约"和"前期物业管理服务协议"的要求执行，大部分业主都会遵守小区的规定。假如业主非要按照自己的意愿做特殊装修，管理处职员应该动之以情，晓之以理，讲明利害关系，并给业主提出合理的建议。

案例06：业主不在指定位置安装空调

案例背景

一天中午，保安班班长跑到管理处办公室，告诉主管：G栋1801室的业主不想按指定位置安装空调，要将北侧空调孔打在窗户上方。主管安排保安班班长马上返回，先让空调公司的工作人员停止打孔。

主管随后赶到，一进门还没开腔，业主就开始不停地说着自己的理由。他认为物业公司规定的位置不好，强烈要求将空调孔打在窗户上方，并且明确表示："我今天就要在这里打孔，看你们会把我怎么样？"此时，空调公司的员工也不停地在一旁说着风凉话，更助长了业主的不满情绪。

主管心里虽然很不愉快，但仍耐心解释："在指定位置安装空调、管线不能外露，是为了保证小区外观的统一美观，假如我们也像某些小区那样随便安装空调，那咱们小区的外观就会杂乱不堪，整个物业形象大打折扣，物业也不会升值，甚至贬值"，并提醒业主："这里是您的家园，您的朋友和亲戚要是看到小区杂乱不堪，说小区不好，您也没面子啊"。听完主管这番入情入理的话，业主不再硬性坚持。

这时，主管悄悄地将空调公司的安装工叫到一边，告诫说："你们应当知道××物业的管理规定，假如执意违规行事，就要承担相应的法律责任。"这么一说，空调装修工马上声明要按照物业公司规定打孔，并表示一定配合物业公司说服业主。最后，业主同意按规定位置打空调孔。

▤ 案例点评

乱装空调的情况在许多物业小区屡见不鲜，解决此类问题需要物业公司耐心细致的解释。物业管理单位在做好具体管理服务工作的同时，还应加强对物业管理服务相关法律法规和具体案例的宣传，以提高业主的法律意识，减少争议处理的成本和损失。

案例07：物业公司可否擅自拆除违章搭建物

▤ 案例背景

某小区业主反映，小区管理处在未经业主同意的前提下，派员进入其尚在装修的房屋内，将业主自行安装的窗框拆除并拿走，安装部位的外墙在拆除的同时也遭到破坏。业主认为：小区管理处虽出具了全面整改通知书，但无权擅自闯入私人住宅强行拆除，这种行为严重侵害了业主的利益，管理处人员缺乏最基本的法律常识。同时，业主要求小区管理处对该事件给其造成的损失进行赔偿。

注明：经有关部门认定，业主安装的窗框为违章搭建构筑物；小区物业管理处之前已向业主发出"违约行为整改通知书"，但业主表示拒绝整改。

▤ 案例点评

作为"物业管理服务合同"中约定的一项义务，物业公司有责任对业主装修过程中的行为进行监管和必要的限制。但是，物业公司是一个民事主体而非行政管理机关，是不能采取强制措施的，物业公司拆除窗框的做法，也超越了其管理权限，且不利于矛盾的解决。物业公司应把握好尺度，使用较为委婉的方法，设法得到业主的理解与支持。

案例08：业主装修前，物业公司应尽告知义务

📁 案例背景

某小区的物业公司由于疏忽大意，未将"业主、使用人在装修住宅中，应预留共用设备的检修孔，以方便共用设备的维修"这一住宅装修规定告知业主。多名业主在不知情的情况下，装修时封闭了共用管道检修孔。此后，共用管道发生堵塞，在疏通修理的过程中，给业主的装修造成了一定程度的损坏，为此，业主向物业公司提出赔偿要求。

📖 案例点评

本案例中，物业公司没有履行该条例规定的告知义务，为业主的装修留下了隐患，并且给业主带来了损失，理应承担赔偿责任。为更好地监管装修行为，规避此类纠纷，物业公司在装修管理过程中一定要尽到告知的义务，并与业主签订装修管理协议。

案例09：业主自行封闭阳台

📁 案例背景

金小姐与开发商签订了一份"商品房买卖合同"，合同约定：开发商于2022年1月前交付房屋（用途为住宅），该商品房阳台为封闭式。但是，金小姐在2022年1月与开发商办理交房手续时发现，开发商所交付的房屋前后阳台并没有封闭，只是在阳台外围构筑了一些铁栏杆。此后，金小姐多次就阳台问题与开发商及开发商委托的前期物业公司进行交涉。在交涉无果的情况下，金小姐自行将阳台封闭，由此便引起了纠纷。

案例点评

当业主乱搭乱建严重影响正常的物业管理时，物业公司可以根据《物业管理条例》等相关规定，及时出面进行制止。在制止无效时，应立即通知相关政府部门出面解决或请求权益受损害的业主通过诉讼或其他途径解决。为了防止个别业主在装修时不按要求施工，损害或破坏整个建筑物结构、侵害其他业主的权益，物业公司可以通过制定业主公约来加以约束。当个别业主违反业主公约的规定，其他业主可以向人民法院提起诉讼。

案例10：业主在楼顶违规搭建鸽棚

案例背景

某小区一业主有养鸽子的爱好，于是，他在楼顶天台搭建鸽棚，放养信鸽。相邻业主深受鸽毛、鸽粪之苦，遂向物业公司投诉，要求处理。

案例点评

在楼顶搭建鸽棚，属违反《物业管理条例》的行为。物业管理企业发现后应当劝阻制止，并督促改正；对拒不改正的，应当及时告知业主委员会并报有关行政管理处门依法处理。

案例11："未签"装修管理服务协议"引发的纠纷

案例背景

某小区物业管理处规定，装修户在每天装修施工期间不得将入户门关闭，以便装修管理人员随时检查。一天，管理处工作人员在例行巡查过程中，发现一装修户房门虚掩未锁，内有施工的声音，于是推门而入。发现装修工人在满是易燃物的施工现场吸烟，并且没有按规定配备必要的消防器材。于是，装修管理人员勒令工人立即熄灭香烟并暂停施工，同时通知保安人员将装修施工负责人带到管理处接受处理。不久，业主知道了此事，遂投诉管理处工作人员在未经业主同意的情况下私闯民宅，并且非法扣留施工人员，侵犯了业主和装修施工人员的合法权益，同时表示将诉诸公堂。另外，该业主未签署"装修管理服务协议"。管理处认为施工单位违反了该小区装修安全管理规定，要对其作出相应的处罚。

案例点评

在本案例中，物业管理处之所以被业主投诉，是装修管理的前期工作没有做好。因为业主并未签署"装修管理服务协议"，自然也就不知道管理处有关装修管理的规定。其实，管理处工作人员入户巡查是非常必要的，因为不入户巡查，又怎能查出安全隐患呢，所以，业主所谓的私闯民宅是不合理的。因此，管理处在装修审批的时候就要与业主签订合同，同时就装修的有关规定尽告知义务。

案例12：租来的门面房要装修，怎么办理装修手续

案例背景

詹先生带着装修公司负责人来小区办理装修手续。客服主管小张接待了他，发现他租来的7号房业主是彭先生而不是王女士，而且这位彭先生自从买了房以后就一直没有来过，当然也没有交纳之前的物业管理费。詹先生急了，他说他有7号门面房的房产证复印件，上面明明白白写的是王女士的名字，而且他现在手中的这把房间钥匙也是王女士亲手交给他的，怎么可能会错呢？詹先生要求管理处马上给他办理相关的装修手续，他要马上进行装修。

小张建议詹先生打电话给王女士，请她带上房产证原件来一趟管理处。但是，王女士的电话却始终打不通。詹先生装修手续办不成，一直联系不到王女士，于是就联系了他的律师来。

在等待詹先生的律师过来时，小张打电话给开发商，了解到原来的业主彭先生已经交清了购房款及维修基金等费用，并联系到彭先生，证实他的确早已将7号门面房转卖过户给了王女士。

詹先生的律师很快就赶了过来。小张向他解释，《物业管理条例》第六

条规定，房屋的所有权人为业主；第五十二条规定，业主需要装饰装修房屋的，应当事先告知物业管理企业；《住宅室内装饰装修管理办法》第十三条规定，装修人在住宅室内装饰装修工程开工前，应当向物业管理单位申报登记；非业主的住宅使用人对住宅室内进行装饰装修，应当取得业主的书面同意。律师觉得管理处的做法确实合理合法，于是代表詹先生道歉。

小张告诉他们，不一定非得请王女士亲自过来，但一定要出具一份书面委托书，并附上她的身份证复印件。很快，詹先生的装修手续就办妥了。

📖 案例点评

物业公司及其工作人员的工作与成千上万的业主有着密切联系，因此极易产生争议，甚至诉讼。为了规避风险，就要严格遵守法律法规，并且还要加强对物业管理服务相关法律法规的宣传，提高业主的法律意识。

案例13：业主装修，家具堆在公共楼道引邻居不满

💼 案例背景

一天，管理处接到投诉：某位业主二次装修地板，将家具堆放在楼道和电梯间，妨碍了通行。管理处立即派人上楼查看，情况属实。经过了解，该业主在办理装修手续时，就无视装修管理规定，拒交装修保证金，对有关规定吹毛求疵，与管理处的工作人员闹得不亦乐乎。怎样去说服这样一个难缠的人呢？管理处几经协商，确定了解决方案，针对该业主的心理状态和实际情况，采取因势利导的策略；另外再安排几个人一起上楼做工作，以形成一定的声势。

管理处人员首先介绍装修的管理规定，讲明堵塞通道可能带来的可怕后果；接着对其二次装修放置家具的难处表示理解，并提供了集中一室、分室进行装修和管理处代找暂存位置、一并装修两种方案，供其选择；最后限定整改的期限，表明如果其继续我行我素，则按"业主公约"予以处罚。

通过一番苦口婆心的工作，这位业主心悦诚服，很快进行了整改，事后又到管理处，对自己的言行表示歉意。

📖 **案例点评**

怎样和业主交流是一门学问。同样一件事，如何去说？先说什么后说什么？效果通常会有很大的差异。所以，作为每天都要同形形色色的业主打交道的物业管理人员，应当认真地学习和研究语言艺术和表达技巧。

在本案例中，管理处工作人员首先利用集体的智慧，群策群力，制定了切实可行的处理办法；在处理时，工作人员不仅指出业主的错误所在，而且告知怎样做才符合规定，这让业主觉得管理处不是只考虑自己的工作，同时也在设身处地为业主着想，这样，事情处理起来就容易多了。

案例14：业主提出不合理装修要求，如何应对

💼 **案例背景**

某小区有一位业主在装修时，向管理处多次提出要更改顶层复式房屋的一根大梁，他认为按常规该梁应该为正梁，但却整成了反梁，既占用室内空间又影响美观。并声称自己的父亲是一位高级建筑师，已经计算出了有关参数，设计出了改造图纸。

对业主的这一要求，管理处根据"装修管理规定"耐心地进行解释，说明不能更改的原因。然而，这位业主就是听不进去，态度还十分强硬。三番五次找管理处都没有得到应允，他干脆放了狠话："不管你们同意不同意，我都要改！"为了避免事情变得更糟，于是管理处的工作人员坐在一起商讨对策，并把商讨出的办法及时报告物业管理公司和开发商的责任人。然后约见这位业主，建议他写出书面申请，报原设计单位审批。这位业主觉得管理处的建议合情合理，于是欣然同意。后来他咨询了设计单位，得知改梁既要一笔不小的变更设计费，又要等较长的时间才能确定。经过比较，这位业主最终取消了改梁的想法。

📖 **案例点评**

物业服务人员在物业服务与管理中，当遇到违规行为时，必须予以制止或纠正，但未必非要板起面孔坚持说"不"。有时候不妨采取迂回战术，为业主指出一条正确的道路，让他们自己去试一试。如果业主觉得可以，那就通过合法途径

办理，这样矛盾就不会再集中在管理处；当业主撞了南墙，自然就会回心转意。最后，有序管理的目的就达到了。

案例15：物业公司不能以违规装修为由罚款

🧰 案例背景

罗大爷住了几十年的房子拆迁了，他拿着政府给的拆迁补偿款和多年的积蓄买了一套商品房，办理入住手续后，物业管理公司要求罗大爷交2000元的装修押金，罗大爷按照管理处的要求交了押金。装修完毕后，罗大爷的子女到物业管理公司要求退还押金，没想到物业管理公司以违规装修为由扣罚了500元。罗大爷的子女一气之下将物业管理公司告上法庭。

📑 案例点评

物业公司是没有罚款权的。罚款是一种行政处罚行为，而行政处罚应由具有行政处罚权的行政机关在法定的职权范围内实施。物业管理公司只是一个企业法人或非法人组织，不是行政机关，没有权利实施包括罚款权在内的任何行政处罚行为。

但是物业管理公司可以收取装修押金，并按照购房人与开发商双方的约定执行。收取装修押金之后，物业管理公司如果发现在装修过程中有损坏物业、设备设施的行为，或对他人生命、健康、财产造成损失的，可以从这笔押金中支付，但是一定要在装修审批的时候向业主说明。

案例16：业主违规装修，要及时制止

🧰 案例背景

某月7日，管理处工程技术员在装修巡查中发现，一业主正在拆除立柱，打算打掉2/3，因为这样会影响房屋的结构，该工程技术员要求业主立即停止装修，并进行整改。但是业主根本不予理睬，继续施工，工程技术员及时将

该情况上报管理处，要求采取强制措施。管理处经理立即赶到装修现场，同时让客服中心查阅业主的装修档案，经检查发现该业主所请的装修队根本没有资质证明和营业执照。管理处经理耐心地与业主沟通，告诉他打掉立柱的严重后果，最后，业主终于承认了错误。

案例点评

装修巡查是物业二次装修管理的手段之一，工程技术人员每天对所有装修户进户巡查应不少于两次，以便及时发现问题，纠正违规装修，把问题消灭在萌芽状态。本案例中，工程技术员在巡查中坚持原则，严格要求装修户按施工规范施工，当装修户不配合时，及时按程序上报处理，整个处理过程很值得大家学习。

案例17：对违规施工劝阻无效的，要严肃查处

案例背景

9月中旬的一天清晨7:00刚过，902室业主打电话投诉903室的装修影响休息。当值保安立即赶赴903室，告诫装修人员，还未到装修时间，不能提前施工影响他人休息。当值班保安员离开后，装修人员无视规劝又开始施工，并用起了电动工具，电动工具发出的噪声再次遭到902室业主的强烈不满和投诉。

值班保安员再次到903室，并采取了断电处理。当天中午13:00，装修队又提前施工，902室的业主气愤至极，亲自到管理处提出强烈投诉。下午，工程主管和当值保安领班来到903室，对装修人员批评教育，并给予严重警告，同时给903室的业主打电话，讲明装修规定，让其站在邻居的角度考虑，不要提前装修影响邻居的休息，该业主表示会去约束装修队的装修时间。在此之后，903室再也没有超时或提前施工，902室的业主和周围的邻居都非常满意。

案例点评

装修管理是物业管理中的重中之重，管理处在处理违规装修无效时，应及时

通知该装修单位的业主，请业主配合。管理处还应加大巡查的力度，并对装修人员加强教育，同时及时回访投诉的业主，只有这样，才能真正体现"以业主为关注焦点"的经营理念。

案例18：物业公司因调解业主与装修队的纠纷成了被告

📁 案例背景

5月18日，某花园业主姜小姐因故撤换了装修队，但第二天，装修工人在工头带领下赖在房间内不走，并与姜小姐纠缠不休，姜小姐只好请求管理处帮忙解决。

保安主管带领保安员立即赶到现场，对他们耐心劝说了十几分钟，但毫无进展。最后应姜小姐的强烈要求，保安员将他们劝拉出了房间。那位装修工头被请出房间后，不仅辱骂业主和保安员，还拨打110报警。巡警到场后，该装修工头态度依然蛮横，而且与业主动起手来。在现场调解不成的情况下，巡警只好将姜小姐、保安主管和装修工头带到派出所处理，当日相安无事。

然而，事隔两个多月后，该工头一纸诉状将业主姜小姐作为第一被告，物业公司作为第二被告上了法庭，要求赔偿医疗费、误工费并恢复名誉。后经人民法院判决裁定：物业公司无过错，不承担责任。

📋 案例点评

在该案例中，物业公司之所以会被告上法庭，是因为物业公司没有弄清楚自己的职责和权限到底是什么。物业管理工作涉及房管、物价、街道、公安、交通、环卫、水电燃气、市政等众多行政管理部门，只有分清这些行政管理部门的责任范围，并与之保持良好的沟通和协作关系，才能使物业管理工作顺利展开。尽管业主是"上帝"，但满足他们的要求时，也要认真掂量"情"与"法"孰重孰轻。对合理不合法的事一定要谨慎处理，千万不要仗着人多势众，又在自己的管辖范围，就冲动行事，这不仅不能控制事态的发展，甚至会激化矛盾。

在这一案例中，物业公司正确的做法应是：

（1）第一时间赶到现场（但去的人千万不要太多，以免给对方口实），控制事态的发展。

（2）及时安慰业主，保证业主的人身安全。

（3）对矛盾双方以劝说调解为主。

（4）调解无效时，应该主动寻求行政管理部门的帮助。

这样既给足业主面子，又帮业主化解了难题，有利有理又有节，合理合情又合法。

第三章　邻里纠纷调解

俗话说"远亲不如近邻"，但现实生活中，侵犯相邻权、邻里纠纷甚至闹到法庭上的例子比比皆是。相邻关系纠纷主要涉及房屋漏水、通信、采光、噪声、排污等，作为小区的管理者，物业公司往往不得不参与其中进行调解。

第一节　管理要点

一、社区邻里纠纷的主要表现

1.邻里相邻权纠纷

这类纠纷主要表现在以下三个方面：

（1）房屋设备设施损坏，导致水渗漏到邻里间，造成家庭财产损失，而引发纠纷。

（2）公共部位的占用，邻里间安装空调、防盗窗等，选择位置不恰当，产生了通风、采光、噪声等问题，引发的纠纷。

（3）由于楼上楼下居住的人群不同，生活方式与习惯不同，而引起的纠纷。

2.宠物扰民、伤人纠纷

这类纠纷主要表现在：

（1）饲养人没有按规定饲养宠物，对宠物没有上牌和注射疫苗，对宠物没有进行圈养，导致宠物伤人。

（2）饲养人在遛狗时缺乏公德意识，让宠物在楼道、小区道路上乱拉乱尿，引起其他居民的不满。

（3）宠物乱叫，打扰邻居休息，而引发的纠纷。

二、调解邻里纠纷的对策

1. 要懂得和运用好法律、法规和政策

作为一名物业服务人员，在日常调解工作中，首先要懂得和运用好法律、法规和政策；对每一起邻里纠纷的起因要全面了解，不可只听一方当事人的片面之词；对引起纠纷的事情要有正确的辨析能力，要把握好纠纷事情的轻重缓急，适时进行调解。要寻找一种双方都能体面接受的方式进行调解，对双方动之以情，晓之以理，在不伤和气的氛围下妥善解决纠纷。同时，在物业公司的能力范围内提供一些实际的帮助，也可以解决引起纠纷的问题。

2. 积极营造符合时代特征的多元化交往方式

目前，在许多社区里，"邻里如一家"的和睦关系荡然无存，邻里之间缺少互帮互助、相互谦让，楼上楼下甚至相互不认识，没有必要的沟通。因此，物业公司可针对目前人与人之间平时缺少沟通，邻里间又不相互往来，缺少互助精神的特点，和居委会、街道办等相关部门积极营造符合时代特征的多元化交往方式，比如：

（1）多举办各种社区活动，利用共同的兴趣把业主请出家门，通过活动和聚会交往，使邻里间慢慢地培养感情。

（2）让业主可以有渠道反映日常生活的问题并互相交流，在减少矛盾和摩擦的同时也建立起互助互爱的邻里关系。

3. 加强小区宠物管理

因为法律规定物业公司没有权利禁止业主养宠物，所以，宠物管理成了物业公司不得不面对的难题，以下提供一些宠物管理的措施供参考：

（1）制定宠物管理公约或者规定，让业主知晓，饲养宠物应到主管部门办理宠物豢养证，到物业管理处进行登记，携带宠物到户外活动必须遵守相关的规定，违规或发生宠物纠纷时业主应承担责任等。

（2）对一些无视居民人身安全、公共卫生，放任宠物乱叫乱窜、随地便溺的主人，应采取必要的惩戒措施，如对违规者进行批评、在小区里公布养狗道德评议"黑名单"，或让违规者享受不到某些社区便利等。这些惩罚措施，目的是督促小区住户尽量少养宠物、文明饲养宠物，在主人改正后即可取消。

（3）可以根据小区的具体情况，制订一张"遛狗线路图"，并发放给小区内

养狗的居民，建议他们沿着固定线路遛狗。

（4）可以在小区内专门开辟一个"动物乐园"，让所有的动物都集中在这个区域，以减少影响范围。

第二节　案例解析

案例01：因下水管漏水引发的邻里纠纷

案例背景

　　一天，一小区物业管理处接到16B住户投诉，称17B厨房往下漏水。经查看，确定是17B厨房地漏下水管渗漏。由于17B业主经常不回家，致使维修工作难以迅速进行。经多方努力，好不容易见到了17B业主，可该业主一见渗漏并不影响自己房屋的使用，便对这事不置可否，几次约定维修都失约。管理处耐心地与其多次沟通，讲明邻里之间和睦相处的重要性，请他设身处地为楼下邻居着想，最终，17B业主按要求解决了水管渗漏问题。

　　时隔不久，18B业主家厨房预埋的下水管道接口密封不严，水渗漏到楼下，这下轮到17B业主叫苦不迭了。管理处立即与18B业主联系，谁知18B的业主比17B的业主还要忙，他的态度也与17B业主刚开始时一样，上午推下午，今天推明天，一个多星期也没确定维修时间，17B业主只好天天到管理处抱怨。后来，管理处经过商讨，特意约17B与18B业主见一次面，让17B的业主告诉18B的业主自己以前的亲身"遭遇"。通过双方的沟通，18B业主意识到邻里关系的重要性，当场就同意维修。由于维修工作量大，18B业主在家的时间有限，管理处决定分两次施工，最终解决了水管的渗漏问题，该投诉至此也得到了圆满的解决。

案例点评

　　这一案例的绝妙之处在于一个"巧"字。17B业主先前事不关己，拒人于千里之外，后面不料自己也遇到同样的事情，算是感同身受了一把。管理处则充分利用机会，抓住这个活教材，圆满地解决了投诉。当然，在物业管理的日常工作中，不会经常遇到这么巧的事，如何充分利用邻里之间的关系，则是物业管理人员应认真考虑的一个问题。

案例02：物业公司预防措施得力，避免了流血事件的发生

💼 案例背景

某日上午9:30，一男一女两位访客要探访小区八楼的一位业主，当班保安员按工作程序经业主同意并验证登记后给予放行。

9:35左右，该业主打电话给管理处，要求保安员将刚才进去的访客撵出去。当值班长遂将两位访客劝说下来，并从他们的交谈中了解到他们与八楼业主是生意上的朋友，因业务关系产生了分歧；另外，他们与五楼的一位业主也是朋友，现五楼业主不在，稍后他们还要来探访，然后两人乘车离去。当值班长将所了解到的情况向管理处作了汇报。11:20，这两人又来探访五楼的业主，当值保安员依然按工作程序经业主同意并验证登记，然后当值班长陪同他们一起去五楼，并再三警告不要去八楼打扰其他住户。

当值班长下楼后，立即通知监控中心对该楼层电梯情况进行严密监控，发现异常立即报告。

约10分钟后，监控中心报告说来访者上了八楼，当值班长立即赶到现场，在劝说无效的情况下，给予强行制止，并与五楼业主联络，请五楼业主将两位来访者带回五楼。就在这个时候，八楼业主召集的七、八名彪形大汉开着两部车也来到小区门口。

当值保安班长主动上前给八楼业主讲解小区的规章制度，劝其让叫来的人员离开小区，不要在此闹事，以免给双方造成不可挽回的后果；同时也将外面的情况向五楼业主作了通报，提醒其先不要下楼，防止将事情扩大。

管理处这时已暗中作了布置，密切关注事态的发展，以防流血事件的发生。

僵持了约十几分钟，八楼业主与五楼业主电话联系，让来访者下楼协商解决，谈妥条件后，五楼的业主陪着两位来访者下到小区门口。突然，八楼业主带领的那些彪形大汉一哄而上，将三人围了起来。管理处当值保安员早有思想准备，马上将双方分开，同时，待命的全体保安员迅速集结到现场，在大家的再三劝阻下，八楼业主终于带着那些人走了，小区又恢复了往日的安静。

　　管理处对此事的态度及稳妥的处理方法，得到了在场业主的一致好评，他们认为管理处的管理制度完善，员工反应迅速，业主的人身安全有保障。

📑 案例点评

　　如果管理处的工作不到位，监控不严密，预防措施不得力，劝阻不及时，那么一场血案将不可避免。从该案例中，我们可以借鉴以下几点：

　　（1）当值人员在工作中收集到的点滴信息都要及时向上级反映，以便管理处随时掌握小区内的各种异常情况，做好防范工作。

　　（2）凡是被业主列为不受欢迎的人，无论以什么借口再次进入小区，管理处必须提前与业主打招呼，并实施技术监控，必要时可全程陪同，防止其骚扰业主。

　　（3）当发现事故苗头时，千万不能掉以轻心，要针对可能发生的最坏结果，采取必要的应急措施，当然也要注意技巧。比如，现场不要布置太多人员，以免造成紧张的气氛，引起太多闲杂人员的注意和围观。

案例03：因催讨欠款引起的纠纷

💼 案例背景

　　六月的一天，保安员小彭忽然听到四号楼传来激烈的争吵声，原来是某服装店的老板阿刚向5栋业主刘小姐催讨服装费。一开始两人只是争吵，但当阿刚的家人及工人也加入后，刘小姐见自己势单力孤，害怕吃亏，就用手机打了一个电话。小彭由于正忙于劝架，对刘小姐的举动并没有太在意。谁知十分钟后，刘小姐的朋友乘车赶到，不问青红皂白，动手就打，连伤了阿刚和几个工人。阿刚一方见吃亏了，跑回家拿来了菜刀、铁棍等，叫骂着向对方冲去，一场流血事件眼看就要发生……

　　小彭一看大事不好，一边用对讲机向班长请求支援，一边迎向急红了眼的阿刚，用自己的身体挡在双方之间。班长也带人迅速赶到，将阿刚一方的人拦住，并强行抢下他们手中的菜刀、铁棍。

　　班长将阿刚拉到一边，恳切地劝他依靠法律来解决纠纷，不要意气用事，做违法伤人的傻事。阿刚也认识到如果发生械斗，自己不仅不能追讨回钱，而且还有可能变有理为无理，所以就叫家人和工人停手，并向派出所报了警。

最后在派出所的批评教育下，打人者向阿刚及其家人道歉并补偿了医药费，阿刚也顺利地要回了刘小姐拖欠许久的服装费。

案例点评

碰到此类事情，我们一定要有预见性，要及时报告，不要等冲突升级了，才想到找上级协助；在紧急关头，要敢于冲上前去制止过激行为。只要双方不动用器械打斗，就有商量的余地，问题解决起来也比较简单；否则，一旦打红了眼，失去理智，什么事情都有可能发生，我们的工作也就被动了。

案例04：保安员理智化解业主与他人的争执

案例背景

某日晚9点多钟，某写字楼管理处接到一住户的电话，住户在电话中说有人捣乱闹事，请求帮助。原来该住户是一家设计公司，承接了一单设计图片的业务，对方来取货时，因质量问题，双方发生了争执，该公司的负责人要求保安员将来人强行拉出房间。

保安主管心里想：保护业主的利益和安全是我们的职责，但是真的按业主要求，采用简单粗暴的方式，将难以收场。于是保安员并没有按业主的要求去执行，而是劝他们都冷静下来，告诉该客人保安的职责是维护小区内安静的生活和工作秩序，他们业务上的纠纷，希望能心平气和地交涉，不要激动，只要双方各让一步，就没有解决不了的问题。

听保安主管这么一劝，紧张的气氛当时缓和下来。来人抱怨地说自己投资了一百多万，如果因图片印错而误事，弄不好要血本无归。而该公司的员工也承认他们的设计有问题，可设计人员已通宵加班，做了必要的修改，希望对方再看一下是否满意和接受。

来人听说已做了修改，虽然嘴里仍在发牢骚，但同意再看一看，不料一看竟非常满意。设计公司的员工也再三表示歉意，为了今后长期合作，此次设计费愿意按8.5折收取。

一场风波就此烟消云散，双方都一再对保安员表示感谢。

案例点评

大多数情况下，人们碰到懊恼的事情时，都只是一时的气愤，尤其是生意人，通常都会遵循"和气生财"的千年商训，轻易不愿跟客户发生矛盾而败坏自己的声誉，在有纠纷发生时，只要有中间人出面调解，事主双方各让一步，事情一般都会解决。在本案例中，这位保安主管做得非常好，他不是简单地按业主的要求将来人强行拉出去，而是从长远管理的角度去考虑，劝双方冷静下来解决问题，因为唯有问题解决了，纠纷或矛盾才能真正地化解。所以物业管理人员在处理问题时，一定要多观察、多动脑，不要太冲动、太盲目，以发生免不愉快的事情。

案例05：因练钢琴引发的业主相互投诉

案例背景

一天晚上11:30左右，重庆一小区某栋2704室业主陈女士投诉2604室家中有钢琴声，影响到了她与家人的正常休息，要求管理处派人协调。管理处马上致电2604室业主张女士，询问事情的缘由。张女士承认家中的确有人在弹琴，但她认为2704室业主通过敲打暖气管、用力踩踏木地板等手段报复更不对。通过管理处从中协调，双方业主商定今后弹琴的时间只限于每晚10:00以前。

一周后的晚上9:20，管理处又接到陈女士的投诉，反映2604室家中钢琴声音很大，影响了自己正在读小学的孩子，觉得原来商定的时间过晚，要求管理处通知2604室业主马上停止弹琴，如不合作后果自负。管理处本着负责的态度，直接来到2604业主家中，跟张女士协商，能否提前停止弹琴，照顾一下楼上读书的孩子，但却遭到张女士的拒绝。不得已管理员又来到2704业主家中说明情况，陈女士也是满腔抱怨。无奈，管理员再次返回2604业主家协调，请张女士换位思考，如果是自己的孩子受到干扰会怎么想？通过管理处不厌其烦地沟通与协调，终于双方达成谅解，最后将时间从10:00改为9:00。

案例点评

做好物业管理工作不仅需要一张巧嘴，而且需要一双快腿。业主之间闹矛盾，物业管理人员要主动两面跑、两面说。跑的次数多了，说的话业主也就能听进去了。

案例06：因装修噪声引发的业主投诉

案例背景

业主刘某投诉：隔壁房间装修施工，一天到晚不停地打墙、锯木，噪声很大，请物业公司尽快处理。物业公司赶快派人去查看，发现刘某反映的情况属实，于是提醒装修施工单位注意文明施工，不要影响他人生活。

次日，刘某又打电话说情况并没有好转，严重影响了他们的正常生活与休息。如果再这样下去，他们将拒交以后的物业管理费，并向有关行政主管部门投诉。物业公司答复，已经告知装修单位了，但他们要赶工，没办法。刘某听后很生气，业主装修影响他人，物业公司就不能有效协调或制止吗？

案例点评

业主装修影响他人，物业公司理应想方设法予以协调或制止，这是物业公司的权利，也是应尽的责任和义务。

业主既然把装修管理的权利赋予了物业公司，物业公司就应该去行使这项权利，履行这项义务。否则，就算违反合同，业主也就可以据此投诉物业公司，严重时，还可以通过业主委员会将该物业公司解聘。

案例07：因地方习俗引发的邻居投诉

案例背景

一天上午，小区6栋某室业主气冲冲地来到管理处投诉，他反映该单元楼上有人养鸡，每天天没亮就打鸣，严重影响了他的正常休息，要求管理处马上出面处理。

接到该业主的投诉后，管理处首先给予了安抚，并承诺立即调查和解决。经过调查很快发现，6栋6楼有位业主家里确实养了一只大公鸡。进一步了解还得知，6楼的这位业主新婚不久，因为其家乡有在新婚期间养鸡报喜的风俗习惯，所以才跑了好几个农贸市场，千挑万选，买来一只漂亮的公鸡，按照家乡的惯例，这只公鸡至少要喂养一个月。

　　负责处理这件事的工作人员顿时觉得此事解决起来很有难度，便和同事一起商量如何去说服这位新婚的业主。大家轮番扮演不同角色，你问我答、你争我辩，先在办公室里"舌战"演练。设想好了"情节"和"台词"，觉得有了把握，才登门去做工作。

　　工作人员进门首先向业主夫妇道喜，然后和他们聊起了各地的婚俗。等他们不经意地说起家乡养鸡报喜的习俗时，工作人员则不失时机地说："我们正想找机会和你们讲，邻居投诉你们违反城市管理规定和业主公约，在家养鸡。"他们其实清楚养鸡不妥，但又觉得习俗难违。工作人员马上说道："都说入乡随俗，不养鸡也是按照咱们这里的习俗办呀！"他们表示既然养了只好养下去，担心处理掉了不吉利。工作人员把早就想好的建议提出来："你们养在家里只是给自己报喜，不如送到郊外放了，让它把喜报给千家万户！"这样一说，夫妇俩都很高兴，答应过两天就这么办。

　　做通了养鸡业主的工作，管理处又向投诉的业主反馈了处理情况，主动对未能及时发现和制止业主养鸡一事表示歉意，同时希望他能够理解新婚业主的心情，再担待两天。投诉的业主也很通情达理，对管理处的工作效率和处理方式非常满意。两天后，那只公鸡真的到郊外"报喜"去了。

📑 案例点评

　　投诉是很正常的事情，但如何解决投诉，却是物业管理人员的技巧问题。在本案例中，我们可以借鉴以下几点：

第一，物业管理人员不能回避责任。

第二，要对投诉者给予精神上的安慰。

第三，要马上付诸行动，不要搪塞拖拉。

第四，要解决实际问题，不要简单粗暴地强行制止。

第五，要及时反馈信息，取得投诉者的谅解。

第六，要追踪服务，不能不了了之。

案例08：遛狗不拴绳引发的邻里纠纷

💼 案例背景

　　67岁的业主陈某住在某小区，曾因双侧颈动脉粥样硬化、多发性脑梗塞、高血压等疾病多次住院治疗。2022年3月6日上午10时许，陈某在其所住楼不远处散步时摔倒，陈某被送往医院急诊救治，手术前诊断为急性重型颅脑损伤和高血压病。7月28日，陈某因急性重型颅脑损伤死亡。

杨某与陈某系同一单元的邻居，杨某饲养宠物小狗，每日外出遛狗。陈某的妻子称，杨某遛狗没有拴狗链，狗追扑陈某，导致陈某在转身驱赶狗的过程中摔倒在地。事发后，死者陈某的家属将狗主人杨某一家三口告上法庭，要求索赔。

事情发生后，被告要求查看小区的监控录像。录像虽不是很清晰，但双方对录像反映的时间、人物、动作、经过均表示认可。录像整体内容仍能反映出陈某突然躲闪摔倒的内容，而发生此情况前后，杨某有走出单元门，在车旁弯腰下蹲抱东西的动作，且杨某也不否认当时出门遛狗一事。结合陈某家属提供的证人证言，法院认定杨某所饲养的家犬对陈某有致害事实，杨某应对陈某的死亡后果承担相应的民事责任。

同时，法院认为，陈某自身患有多种疾病，此次损害与其自身身体状况有一定关联，故应当减轻杨某所应承担的民事责任，杨某应按70%的责任比例赔偿陈某的经济损失。

📖 案例点评

物业管理中因此产生的邻里纠纷并不少见，物业公司往往被牵扯其中，甚至被告上法庭。对物业公司来说，应该采取以下措施来应对：

第一，事发前，应履行基本的义务（包括警示、劝阻等）。

第二，保全证据，因为只有证据才能证明责任。

第二部分
Part two

安保服务篇

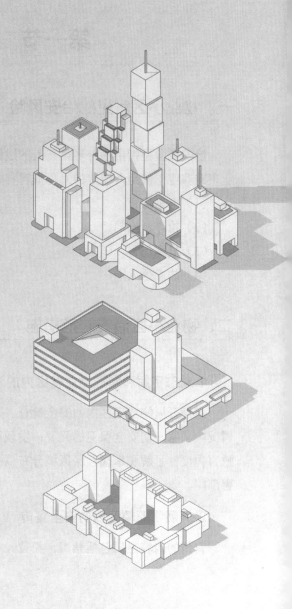

第四章 物业小区治安管理

物业安全管理，是介于公安机关职责和社会自我防范之间的一种专业安防工作，具有补充的性质。物业安全管理的目的，是保证业主和使用者有一个安全的工作和生活环境。

第一节 管理要点

一、物业小区常见的治安风险

治安风险是指由于外界第三人的过错和违法行为，给物业管理服务范围内的业主或非业主使用人造成的人身损害和财产损失等风险，其具体表现为：

（1）入室盗窃。

（2）抢夺、抢劫。

（3）故意伤害。

（4）故意杀人等。

二、物业小区治安防范措施

1.动态了解和掌握物业辖区内的治安情况

定期开展物业辖区内的安全检查，熟悉物业区域的常住人员，及时掌握变动情况，堵塞一切安全保卫的漏洞；发现可疑情况要及时处理，以避免或降低治安危害程度；了解和掌握社区区域分布情况；了解和掌握管辖区人口居住情况和要害部门。

2.开展物业辖区内的安全宣传

宣传的内容主要包括禁毒、扫黄、打假、防盗、预防治安事故的发生等。可采用的宣传方式有：电视、板报、图片、标语、横幅、讲座、印发资料等。通过物业治安宣传，可使辖区内人人知法、懂法、守法，共同预防各类治安案件的发生，以创造良好的治安环境。

3.制定物业辖区内的治安公约和安全制度

制度管理是现代化管理的重要内容，建立健全物业安全管理的各项规章制度是堵塞漏洞、杜绝安全隐患的有效措施，也是对保安人员加强管理的有效手段，可有助于社区安全工作与社区物业管理各项工作的同步和协调。通常，物业安全管理需要制定的主要规章制度有："保安人员工作职责""突发事件处理制度""巡逻制度""安全工作总结制度""安全文明公约"等。

4.完善区域内安全防范设施

物业的治安管理除了依靠人力外，还应注重技术设施的防范。因此，物业服务企业应根据自身的财力与管理区域的实际情况，配备必要的安全防范措施。例如：在商住小区四周修建围墙或护栏；在重要部位安装防盗门、防盗锁、防盗报警系统；在商业大厦安装闭路电视监控系统和对讲防盗系统等。

5.提升保安人员的素质

保安人员的素质决定了保安员的安全防范能力，如果保安人员不会使用技防设备，再昂贵的技防设备也是摆设；如果保安人员怠工懒惰，接到报警也不会出去……

所以，物业公司应加强保安人员工作技能的培训，精简保安人员的数量，提高保安人员的工资待遇，吸引有职业素质和敬业精神的优秀保安人员。

6.加强对保安人员的管理

物业公司还需要通过管理手段来加强对保安员的监督管理，比如，安装电子巡逻管理系统，监督管理保安员的巡逻工作，对不符合巡逻要求的保安员进行处罚，对在巡逻中发现状况阻止安全事故的保安员给予奖励；定期考核保安员对技防设备的掌握程度，对不能正常使用技防设备的保安人员进行处罚；定期检查保安人员的体能，将体能差的保安人员调离岗位等。

第二节 案例解析

案例01：业主家中被盗，物业公司是否要赔钱

💼 案例背景

某年1月25日下午，孙先生家中被盗，丢失了大量贵重物品，但嫌犯未被抓获。

现场监控显示，物业公司的管理存在疏漏。根据物业服务合同约定，物业公司应对小区人员进出进行管理，并在出入口处对来访客人进行登记。当有人携带大件物品出小区时，需要确认后才能放行。但是，物业公司都没有做到，于是孙先生诉至法院。

后来，法院作出判决，认定物业公司有一定的责任，应承担孙先生财产损失的40%。

📑 案例点评

在本案中，物业公司存在过失，应承担赔偿责任。但是，本案属于盗窃案件，具有突发性等特点，而保安服务只是一般预防措施，物业公司难以彻底防范，不能苛求保安服务能够防止一切盗窃案件的发生，所以，不能要求物业公司承担过多的责任。

根据《物业管理条例》的相关规定，物业公司对小区物业管理区域的安全负有一定的防范义务及风险提醒义务，对于可能造成业主财产损害的隐患，应当及时消除或提醒；否则，在业主遭受财产损失时，物业公司应承担相应的赔偿责任。

案例02：自行车在小区丢失，物业公司要赔偿吗

💼 案例背景

2019年5月，江某购买了某小区的房屋，与某物业公司签订了"物业管

理合同"，物业公司承诺，对小区实行全封闭式庭院管理，并配备24小时保安系统，防火、防盗监控系统……

2021年10月5日，江某购置了一辆自行车，没想到刚过10天就在小区车棚内丢失。江某要求物业公司赔偿，物业公司却不予理睬。于是江某诉至区法院，以物业公司安全防护管理不善为由，要求其赔偿丢车损失1950元。物业公司辩称，双方未对车辆建立保管关系，故不同意赔偿任何经济损失。法院审理认为，江某车辆丢失后，已向物业公司进行反映，并向公安机关报案。对于事发时的监控录像，物业公司未将录像资料保存，导致无法举证，可确认其在安全防范中疏于管理，应承担违约责任。最终法院判决物业公司按车辆总价值的20%赔偿江某。

📑 **案例点评**

《物业管理条例》明确规定，物业公司未能履行物业服务合同的约定，导致业主人身、财产安全受到损害的，应当依法承担相应的法律责任。为了防范类似的风险，物业公司应尽到安全防范义务并配置应有的安全防范设备。

案例03：业主遇害，物业公司成被告

💼 **案例背景**

26岁的于小姐住在某大厦。某日晚上8时，于小姐正在15楼的消防楼梯打电话，这时，潜入大楼企图盗窃的童某见于小姐手上提着一个包，于是朝于小姐猛捅数刀，抢走于小姐的挎包后逃走。因为失血过多，于小姐于当天晚上死亡。

童某潜逃数日被抓获，后来以故意杀人罪、抢劫罪被法院一审判处死刑。

事后，于小姐的父母向法院提起诉讼，称物业公司没有尽到保障于小姐安全的责任。根据《物业管理条例》的相关规定，物业公司对于小姐被害有严重过错，应当承担赔偿责任。最后，经调解，双方达成和解，由物业公司一次性补偿于小姐的父母30万元。

案例点评

于小姐的死亡是童某所致，但物业公司在童某进入大厦时没有尽到严格的审查职责（童某在案发前使用假证件进入大厦），应该承担一定的责任。

为防范此类风险的发生，物业公司必须严格登记制度，同时，要提升保安员识别各种证件真伪的技能。对某些访客有疑问时，应通知巡逻员跟踪、监控中心监控。

案例04：业主连续丢失摩托车，物业公司被判罚

案例背景

周先生住在××市某小区，他有一辆心爱的摩托车，每天都将它擦得锃亮，晚上用铁链锁在楼下。可是，在2012年2月14日晚，摩托车被盗了。当时周先生只是觉得挺倒霉，几天后，他又花钱买了辆新车。可在8月15日，这辆摩托又丢了。连丢两辆摩托车，周先生心疼不已，他认为这与小区监控不当有关。于是他找到物业公司，可物业公司始终不承认自己有责任，最终，周先生将物业公司告上了法庭。周先生认为，与物业公司签订的物业管理合同中约定，物业公司提供24小时安全监控、巡视等保安工作，而且实行"保安登记制度"，可物业公司并没有保证业主24小时人身、财产安全，属违约行为。为此，周先生请求物业公司承担违约责任并赔偿自己的经济损失1万元。经过审理，法院作出终审判决，物业公司赔偿周先生经济损失5650元。

案例点评

本案例中，周先生与物业公司签订的物业合同中约定，提供24小时安全监控、巡视等保安工作，但事实上，物业公司在小区未安装监控设施，没能做到24小时安全监控，这可视为物业履行承诺不到位。另外，《××市物业管理规定》要求，对车辆停放有保管要求的，由车主或车辆使用人与物业管理企业另行签订保管合同。物业公司对业主负有告知义务。本案例中，物业公司并未履行告知义务。为防范此类风险，物业公司应认真履行合同规定的义务。

案例05：两次从窗户进贼，物业公司难逃其责

💼 案例背景

万先生住在一个半封闭小区。春节前的一天，万先生下班回到家里，一进门就傻眼了，满屋被翻得乱七八糟，家里的首饰、金表、专业摄像机连同2万元现金一并被小偷洗劫了。万先生马上报了警。经过警方调查，小偷应该是在家里人上班、小区院里人不多的时候，通过楼梯通道的窗户，爬到万先生家的阳台，从没有关好的窗户进去的。小偷专门翻找轻便的物品，且大摇大摆地从正门出去，致使后来查看保安录像时，都看不出哪个人是小偷。损失惨重的万先生一方面等待警方破案，一方面与物业公司联系寻求解决办法。

万先生家住3楼，他家卧室的阳台与楼梯的窗户相隔不远，那天早上，他开窗透气，结果忘了关。小偷于是从临近这扇窗户的楼道窗户爬进万先生家。发生盗窃案后，万先生要求物业公司必须将楼梯内的窗户安装防护栏。小区物业公司认为，如果小区内都装防护栏，将是一笔不小的费用，于是没有同意。然而就在3个月后，万先生家再次被盗，而且与上次的手段完全一样，只是这次万先生家里没有放置值钱的东西，只丢了几百块钱。万先生再次找到物业公司，表明他已准备将物业公司起诉到法院。物业公司这次没敢怠慢，尽力安抚万先生，并及时将离万先生家较近的楼道窗户安装了防护栏，而且将小区内所有存在安全隐患的楼道窗户都安装了防护栏。

📋 案例点评

按照《物业管理条例》的规定，安保是物业管理合同中的基本业务：第一，要协助物业管理，做好物业管理区域内的安全防范工作；第二，一旦发生了安全事故，物业公司应当采取一切应急措施。本案例中，当业主已经发现安全隐患，特别是发生过盗窃案件后，物业公司明知存在隐患却不顾业主要求，没有实施必要的防范措施，致使业主家再次被盗，这就难逃其责了。尽管物业合同中没有规定要安装防护栏，但在业主的人身财产安全受到威胁时，物业公司有防护、告之、减小危害的义务。

案例06：业主在小区门口被抢劫，状告物业公司

案例背景

某日，某业主携带20万元现金在住宅小区门口遭歹徒抢劫，而距离事发地仅10余米的物业公司保安人员没能及时拦截劫匪。该业主被抢劫后，一纸诉状将物业公司告上法庭，要求悉数赔偿损失以及精神抚慰金8万元。物业公司认为，这些个案其实与住宅家中失窃的个案性质是一样的。一般情况下，物业公司是不承担民事赔偿责任的。因为，物业公司在物业管理区域内与业户之间不存在人身、财产的保管关系，不应担负赔偿责任。

案例点评

为了确保业主（住户）的安全，防止突发事件给业主造成伤害，躲避不可预测的风险，物业公司应如此做：

（1）要经常告诫、提醒业主提高安全防范意识，以免让歹徒有机可乘。

（2）发生抢劫后，要及时向公安机关报案。

（3）物业公司应该增加保安人员的数量以及保安巡逻的次数，加强安全防范的力度和措施，有效地防止此类案件的发生。

（4）物业公司最好购买公众责任保险，将所有承担赔偿责任的风险转嫁给保险公司。一旦发生因物业公司疏忽或过失行为导致的业户或其他人员利益受损的事件，可由保险公司承担相应的赔偿责任。

案例07：业主被打伤，物业公司免赔偿

案例背景

某住宅小区内，前来看房的人员和业主张先生因故发生口角。随后，看房人找来几个人，分乘两辆汽车进入小区，将业主张先生打伤。案发时，物业公司的保安对进入小区的车辆进行了记录，虽未能阻止殴打事件，但在殴打过程中，保安员极力劝阻殴打业主张先生的看房人。事后，物业公司尽力协助公安机关侦破案件。

被打成轻微伤的业主张先生，依据"物业使用管理维修公约"的规定，以物业公司应对业主的人身安全负责为由向法院提起诉讼，要求物业公司承担赔偿责任。一审法院认为：业主和物业公司之间系物业管理合同关系。管理维修公约对物业公司的保安职责没有作特别约定，物业公司只承担一般意义上的保安责任。在本案中，物业公司已尽到了保安义务。因此，对业主遭受的损害不承担赔偿责任。判决后，业主张先生不服，向上级法院上诉，二审法院维持了原判。

案例点评

本案例中，物业管理服务合同对保安服务没有作出特别约定，而且保安人员已履行了保安职责，记录了车辆进出情况，案发时也尽力保护业主的人身和财产安全，事后又配合公安机关破案。应该说，物业公司已经尽到了保安义务，因此，无须对业主遭受的伤害承担赔偿责任。

案例08：寻踪辨迹，排查可疑情况

案例背景

某天中午12点，保安班长接到监控中心的报告，称3栋东侧有人翻越围墙进入小区。保安班长当即用对讲机安排两名巡逻保安员到达3栋东侧搜寻，但没有发现翻越围墙的可疑人员。这时，监控中心又报告目标已往7栋东侧窜去。保安班长又通知两名保安员即刻去7栋周围查找，可还是没有结果。

保安班长迅速来到监控中心，让值班人员重新放了一遍监控录像，记住了那个人的特征：身高1.65米左右，上身穿黄色T恤衫，下身穿牛仔裤，向7栋窜去后在录像中消失。

保安班长与两名保安员一同研究，初步推断可疑人可能是无出入证的装修工人。于是，留一人守在楼下观察动向，保安班长带另一保安员到楼内搜查。他们从7栋开始，对正在装修的房间逐一查看。当查到304室时，听到屋里有说话声，但怎么敲门都没人开。这种情况很可疑，保安班长忽然想起304室和303室是一家业主，内墙已经打通。于是让保安员守在304室门口，自己从没有锁闭的303室进入304室内。

304室内有三个人，其中一人和翻越围墙者的特征极为相似。保安班长没有当即点破，而是很自然地询说道："你们好，我们例行检查装修情况，请你们出示一下出入证。"其中两人均拿出了出入证，而那个嫌疑人神情非常紧张，声称出入证忘在家里了。保安班长坚定了自己的判断，指出他违反小区管理规定，翻越围墙进入小区，但这个人却不承认，而且态度很不好。保安班长提出要去查看监控录像，他一听马上软了下来，连连点头承认。

翻越围墙的人找到了，可问题并没有彻底解决。保安班长回到办公室查看了装修人员的登记。经过仔细对照核实，确认了他的装修身份，并通知装修负责人为其补办了出入证。

案例点评

本案例中的保安班长非常称职，他熟知值守区域内的各种情况，能迅速做出正确的判断，并能灵活应变，采取恰当的对策。安全管理无小事，对一切危及安全的因素，都要高度重视、认真对待，切不可掉以轻心。

案例09：业主未关门，保洁员可否擅自入内

案例背景

某日清晨，某大厦新来的保洁员阿燕在公共通道拖地时，发现1506号业主家的客厅亮着灯，里面的防火门开着，外面的"通透式"防盗门也虚掩着，她便上前按业主家的门铃，但是室内并没有反应，于是阿燕便怀着好奇的心理，进入室内，到客厅、阳台、厨房等一一查看。正在这时，业主罗先生回来了（他"早锻炼"去了，因粗心而忘了关门）。一见大门未关，罗先生先是吃了一惊，又看见一陌生女子在自己家里，更是又急又气，不由分说要把阿燕送到派出所。

案例点评

本案例中，阿燕在没有向上级反映的情况下，私自进入业主屋内，这种做法是错误的。最好的处理办法是马上通知管理处，一方面，管理处可以通过电话和

业主联系，让业主赶快回家，以确认家中是否被盗窃。另一方面，管理处相关负责人要和保安尽快赶到现场，如果与业主联系不上，必须最少两个人同时进入业主家里，这样，有了物业保安的参与，即使业主发现，一般也不会误解。

案例10：醉汉打碎玻璃要逃跑

案例背景

某年7月2日凌晨3点30分左右，一住宅小区2号岗当值保安员小金在巡查××商场后门时，突然听到"啪啪"的猛烈敲击声。小金立即赶往声音发出的地点，发现商场后面的钢化玻璃被打碎，旁边一年轻男子正准备往3号岗逃跑。小金快步跟上，同时用对讲机呼叫当值领班。领班迅速通知其他岗位人员封锁各路口。最终该年轻男子被保安员抓住，并对打烂玻璃一事供认不讳。

领班查看现场后，及时与××商场保安主管取得联系，并将损坏玻璃的醉汉交由他处理。

案例点评

本案例中，当值保安员及时发现了问题，说明该保安员上夜班时注意力集中，对工作具有责任心。其在第一时间通知了领班，在大家的互相配合下抓住了闹事醉汉，发挥了团队的力量，为客户挽回了经济损失，为公司树立了良好的形象。

案例11：发现业主未拔钥匙，应及时通知

案例背景

某日凌晨，某大厦物业管理处巡逻员（新入职未转正员工）在巡逻楼层时发现一住户将钥匙遗忘在门上未拔出，因害怕钥匙丢失，其随即将钥匙拔出（巡逻员考虑到已是凌晨2点多，怕打扰业主休息，故未将钥匙直接交给

业主），交到控制中心，直至当天中午才将钥匙还给业主并向其说明情况。业主认为管理处处理此事欠妥，钥匙可能被配制过，存在安全隐患。

管理处客服人员得知此事后，立即与业主进行坦诚的沟通，并就此事向业主表示歉意，同时为避免引起不必要的麻烦，他们希望业主更换门锁，管理处可为其进行免费安装。业主最后自费将门锁更换。在此之后，物业公司及时召开了安全会议，针对此事进行分析，从中总结经验教训，以免再犯类似错误。

案例点评

处理问题，应分清轻重缓急，对此类敏感问题，物业公司应越早处理越好，以免业主担心。同时，要加强员工的培训，让其遇事千万不要自以为是、自作主张。自己不知如何处理时，应逐级汇报，得到指示后再执行，以免好心办坏事，给管理处带来不必要的麻烦。

案例12：访客无理打骂护卫员怎么办

案例背景

某日，一访客到某花园A栋的朋友家取台式电脑。在他携机欲出大堂时，大堂护卫员礼貌地请其办理有关放行手续。谁知他竟勃然大怒，破口大骂，随后赶来的业主朋友还动手打了护卫员一拳，随手又撕破了护卫员的衣服。巡逻护卫员闻讯赶来，两人撒腿便跑，藏匿起来。物业管理处领导得知此事后，首先全面地了解情况。通过听取当事人和知情者的情况介绍、调取大堂出入口的现场录像、查阅业主住户的档案资料，确认此事应由业主和访客负全部责任。于是物业管理处约定时间，请业主委员会主任、辖区民警和业主一起协商解决这一问题（类似问题请业主委员会主任参与处理是物业管理处明智之举，这也是业主委员会主任的职责所在）。物业管理处详细介绍了事情经过，并出示了人证、物证，大家一致认为物业管理处的管理工作认真严谨，大堂护卫的处理过程并无任何不妥，应当得到大家的理解、尊重和支持，业主和访客要对这件事负责。事情最终得到了圆满的解决，肇事者当众向护卫员赔礼道歉，并且赔偿了护卫员的损失。

📇 **案例点评**

对于一些人的无理取闹，不能不了了之。不了了之既会挫伤员工的积极性，又会助长不良现象的产生。但我们要善于借助各方面的力量，这样事情处理起来就相对容易得多。

案例13：租户要搬家，联系不上业主怎么办

💼 **案例背景**

某租户要搬出园区，于是前往客服中心前台办理放行条。但客服中心和租户均联系不上业主，无法确认相关信息。而租户又着急搬家，这时，物业管理处应该怎么办呢？

📇 **案例点评**

此事件的处理，要坚持原则性与灵活性的统一。

原则性就是：不能损害业主的财产安全，不能让物业公司承担法律风险。

灵活性就是：照顾租户的情绪，满足租户的合理要求。

如果租户搬离的物品中，只有衣物等个人物品，应允许其搬离；如果搬离的物品中，有家具、装饰物等大件贵重物品，则暂不允许租户搬离，同时要向租户说明放行的规定，尽量说服租户联系上业主再搬。

当租户要求强烈，有可能发生极端事件时，可以要求租户交纳与物品等值的押金后再搬离。在收取押金前，必须上报楼盘负责人；同时向财务人员了解清楚收取、退还的手续。收取的押金必须及时上交财务，不得存放在私人手上。

第五章　物业小区消防管理

消防管理在物业管理中占有头等重要的地位。消防安全不仅关系小区业主生命和财产的安全，而且还涉及社会的安定与经济的健康发展。小区中最常见的意外事故就是火灾，给业主生命、财产带来最大危害的也是火灾，做好消防工作是物业安全使用和社会安定的重要保证。

第一节　管理要点

一、物业消防安全管理的现状

近年来，一些小区先后发生了震惊全国的特大火灾事故，使大量的社会财富化为灰烬，造成了巨大的人员伤亡，给许多单位和家庭带来了巨大的灾难。另外，许多小区的消防给水系统不完善，有些小区的室外消防管网没有形成环状；消火栓数量不够，位置布局不合理，供水管管径过小，压力偏低，并有损坏和埋压、圈占等现象，使得物业消防安全管理的现状不容乐观。

二、物业消防安全管理的主要内容

物业消防安全管理的主要内容包括：

（1）建立消防队伍，建立健全消防管理制度，加强消防宣传培训，完善消防设备及器材的使用管理。

（2）根据《中华人民共和国消防法》的规定，配置消防设施和器材，设置消防安全标志；并定期组织检验、维修，确保消防设施和器材的完好、有效。

（3）保持疏散通道、安全出口畅通，并设置符合国家规定的消防安全疏散标志。

（4）开展消防管理工作，做好措施"三落实"，即队伍落实、制度落实、设备和器材落实。

第二节　案例解析

案例01：宿舍起火，保安员紧急扑灭

📋 案例背景

　　某工业园管理处当值保安员小赵巡逻员工宿舍时，突然发现307室有浓烟从窗户冒出。小赵敏感地意识到307室已发生火灾（注：宿舍所属单位员工于上午集体外出活动），在这紧急关头，小赵立即用对讲机通知二号巡逻岗保安，同时快速提取灭火器赶赴事发现场。二号巡逻岗保安员在得到火警信息后，第一时间启动大门岗警铃，并用对讲机通知各岗位。各班组保安人员按照管理处"义务消防队作战方案"相关流程，全面展开灭火救援工作，在各班组保安人员通力协作下，45分钟后火源被扑灭。

　　事后，管理处技术人员对火灾现场进行查看，初步查明此次火灾事故是员工外出时未拔掉床铺上充电的充电宝引发的。

▤ 案例点评

　　本案例中，物业公司保安员训练有素，沉着冷静，但也应注意以下两点：

　　（1）物业公司在灭火过程中发现无法自行扑灭时才拨打119，风险太大。一是物业公司需要投入大量的人力物力，如果方法不当，速度太慢，还会加大损失；二是延误了最佳灭火时间，消防部门将会追究物业管理公司的责任。

　　（2）火灾扑灭后，起火单位应当按照公安消防机构的要求保护现场，接受事故调查，如实提供火灾情况。在本案处理过程中，物业公司应请公安消防机构来调查、核定、查明事故责任，而不是由物业公司技术人员来确认。

案例02：住户在楼层焚香烧纸怎么处理

📋 案例背景

　　每逢清明、中秋等节日，许多人都有焚香烧纸的习俗。住在高层住宅的

业主往往在楼层里进行。一方面，缭绕的烟雾使消防警报频发，令人真假难辨、疲于应付；另一方面，残存的烟垢污损墙面地砖，很难彻底清除，而且还会产生消防隐患。管理处从实际出发，采取了以下对策：

1.尊重住户焚香烧纸的习俗，在小区指定焚香燃纸的地点，便于统一管理。

2.节日前发出通知，提醒住户自觉遵守管理处关于到指定地点焚香烧纸的规定，并派专人到现场疏导监督。

3.要求所有员工主动负起责任，发现违规焚香烧纸的，立即予以劝阻和制止。

4.严肃查处违规焚香烧纸的行为，对不听劝阻、屡禁屡犯的业主给予书面警告，严重的进行处罚或提请消防主管机关处理。

该措施实施以来，在楼内焚香烧纸的现象大大减少了。

📑 案例点评

涉及民俗民风的问题，处理起来一般比较棘手。本案例中，物业公司在尊重民俗的前提下加强管理，很值得大家借鉴。

案例03：火灾发生后，物业公司积极处理

💼 案例背景

8月的一天，天干物燥，某小区一业主正忙着装修，结果因装修操作不当，引起了一场火灾。经消防部门的奋力抢救，大火终于被扑灭了，但整幢楼的外墙被熏黑，并造成停电和部分屋内积水。

事后，小区物业管理处人员，及时拍照取证，同时对受害业主逐一进行走访安慰，组织人员帮助清除积水，并与电力公司取得联系，以保证及时恢复通电。

接下来，管理处为了维护广大业主的利益，避免矛盾的激化，请来公安消防单位对业主进行了消防知识培训。同时，管理处还针对该事件，与街道居委会、业委会一起在小区内建立了消防责任制。

案例点评

消防安全是物业安全管理的重点，它不仅包括事前防范，也包括事后处理。在该案例中，物业管理处的处理方式很好，尽量从服务业主的角度出发，请来专业消防人员，开展消防知识培训，并举一反三，建立了相应的防范措施。

案例04：烟花蹿入高楼，物业公司被判赔偿住户损失

案例背景

烟花蹿上高楼引发火灾，小区多户人家遭殃，肇事者却无法查明，那么火灾所造成的损失该由谁承担？

某年1月25日零时，新年的钟声刚刚敲响，在某住宅小区内，多户业主燃放烟花爆竹，空中散开的火星落入小区21栋303室的阳台，引燃了放在阳台上的纸板箱。

消防部门接警后，在几分钟后即到达现场，但因为小区内消防通道堵塞，其他通道停满了车辆，消防车无法到达起火点。在救火过程中，消防人员又发现楼道内消火栓的水压不够，无法出水，在启动了增压水泵后，消火栓才开始出水作业。

由于无法及时灭火，303室的火势逐渐蔓延到楼上，烧毁了403室内的空调、门窗等物品。而火灾发生时，303室和403室都无人在家，燃放烟花爆竹引发火灾的肇事者也无法查明。

同年3月，303室与403室的两位业主将物业公司告上了法庭。两位业主认为，小区的物业公司疏于管理，致使消防通道堵塞；同时，由于其对消防设施维护不力，最终导致对303室的救火延误，进而殃及403室。

法院审理认为，火灾的直接责任人是燃放烟花者，但无法查明，物业公司对此没有尽到防护义务。此外，由于物业公司管理不到位，延误了救火的时机，使火势蔓延至403室内，物业公司虽然不是直接的侵权人，但没有尽到物业管理的义务，导致损失扩大。鉴于以上原因，法院酌情确定物业公司承担303室、403室业主的经济损失。

案例点评

物业公司避免此类风险的最好措施是平时要注意保持小区消防通道的顺畅。

对消防隐患要及时处理，对消防设施设备制订日常维护保养计划，并定期组织开展消防演习。同时，在节日期间，物业公司应通过各种方法告知居民不能燃放烟花爆竹、注意防火防灾。

案例05：煤气使用不当引发的火灾

💼 案例背景

某年1月25日，某小区85栋506室租户在室内使用煤气取暖，因操作不当造成火灾。租户带着两个孩子逃出门，因为着急害怕而没有报警。巡逻保安员发现506室有浓烟冒出，立即报告消防监控中心和客服中心，并通知大门口保安员拨打119。消防监控中心和客服中心立即通知相关人员赶到现场。安全部主管作为现场的最高行政人员，负责指挥灭火：

第一，一部分保安员上楼将业主疏散到安全地方。

第二，维修工将电梯停掉。

第三，安排一名保安员到小区路口等候、引导消防车。

第四，组织队员灭火。

第五，地段保安员负责维持现场秩序。

第六，报告相关领导。

结果，只用了9分钟就将大火扑灭，把业主的损失降到了最低。

📰 案例点评

从本案例可以看出，该物业公司的保安员训练有素，熟练掌握火灾的应对方法。因此，为了降低消防风险，除了正常的消防管理措施外，制订火警应急预案并组织开展消防演习是非常必要的。

案例06：规范管理消防通道，一举两得

💼 案例背景

某大厦北侧的道路连接着两条市政大道，具有一般通道和消防通道双重

功能。一段时间里，人们贪图方便，随意将车辆停放在消防通道的一侧，严重影响了消防通道的功能。管理处不得不派专人看管，然而，仍有车主不服从管理，我行我素。

为了从根本上解决这一问题，大厦管理处想出了一个方案：在道路中间设立一排隔离墩，将一条道路分割成不同功能的两条通道。但这不能由管理处独立决定和实施。于是，管理处经理主动向所在地公安派出所汇报了道路的现状和自己的整改设想，并请他们进行实地考察。经过多方反复的沟通和协商，这个方案最终取得了行政主管部门的理解和支持。

在公安派出所的配合下，大厦管理处用隔离墩对北侧道路进行了功能分隔。此后，消防通道上再也没有随便停车的现象了，不仅增加了大厦的安全；而且还有一个意想不到的收获：大厦停车场的车辆明显多了，车场收入也随之增加了。

案例点评

在本案例中，管理处虽派专人看管道路，但并没有从根本上解决问题。管理处并没有就此停止管理，而是想到了解决问题的根本方案，不但最终彻底解决了问题，同时也提高了车场收入。所以，在物业管理中，也要有创新的思想，应从更长远的角度去考虑问题。

案例07：消防警报响个不停，物业公司紧急排查

案例背景

某日中午12:50左右，正在巡逻的当值领班小彭在15栋楼，听到了消防警铃的响声。

小彭马上用对讲机通知机动班和所有岗位查看情况，同时通知保安部主管和工程部。小彭则带着机动班员工小江从15栋楼下到楼顶进行消防设备检查，结果没有发现异常，但警铃还是响个不停。为了尽快查明原因，小彭安排各岗位对15栋附近的楼房进行排查，并通知工程部关闭水泵电源。通过排查，发现18栋四楼消防报警玻璃被损坏。据机动班员工小江反映，刚才有

快递员从楼道出来，保安主管马上通知相关门岗对小区内的快递人员进行控制，2分钟内发现3个快递员，其中有一个曾到过18栋406室，根据时间分析判断，该报警器应是此快递人员损坏。最后小彭将快递员带到警务室，在监控面前，快递员终于承认了自己的过失，并答应赔偿相应的经济损失。

案例点评

物业保安员应该具备高度的警惕性和敏感性，同时要充分发挥岗位互动性，这样才能及时发现问题和解决问题。

案例08：新房起火，消火栓没有水，业主找物管索赔

案例背景

某小区6号楼18层一业主刚装修完的新居着火了，消防队员接到报警电话后迅速赶到现场，却发现该层楼的消火栓没有水。无奈之下，消防员只得从邻居家用水盆、水桶接水灭火。同时，从楼下沿楼梯，铺设消防水带到18楼，最后用消防加压泵，接上小区底楼的消火栓，才将水送上18楼，灭火因此耽搁了15分钟，错过了最佳灭火时机。业主花费25万元装修的新居在大火中化为灰烬，于是向物管公司提出索赔。

小区管理处负责人称，本月18日，也就是火灾发生的前一天，他们在例行检查时发现，6号楼的消防管道有漏点，于是当天关上了阀门，停止对该栋楼消火栓加压供水。不料还未修补漏点，不幸就发生了。

对于业主的索赔要求，管理处负责人表示，该负的责任他们不会推卸，他们准备与业主就赔偿事宜进行商谈，在火灾原因、责任认定结果出来后，尽快与业主达成赔偿协议。

案例点评

《物业管理条例》第三十五条规定，物业服务企业未能履行物业服务合同的约定，导致业主人身、财产安全受到损害的，应当依法承担相应的责任。

物业公司在此事中肯定负有责任，但责任大小，要依据火灾原因来划分。如

果火灾是业主过错引起的，那业主需要承担主要责任；如果火灾是物管过错引起的，那物管将承担主要责任；如果火灾与双方都没有关系，那么就要看消火栓无水，对火灾扑救造成的影响，具体增加了多少损失，这个需要权威机构（比如消防部门）提供量化数据。

案例09：业主停车阻塞消防通道，物业公司是否要担责

🧳 案例背景

农历腊月二十九的晚上，一辆小车停在小区的消防通道上，路面上标注着黄色"消防通道禁止停车"的警示标语。小区保安发现后，未能找到车主，只好在车上留下字条，让车主见条后速将车驶离消防通道，停至规定停车位。除夕之夜，小区一业主家中失火，消防车来到后由于消防通道被车阻挡导致灭火延误，火灾造成业主经济损失近10万元。事后，消防部门出具的"火灾事故认定书"写明，起火原因系烟花点燃阳台可燃物，小区消防通道阻塞导致灭火延误，致使火灾损失扩大，物业公司应负主要责任。业主据此向法院起诉，要求物业公司赔偿经济损失。

小区物业公司倍感冤枉，辩称：

（1）火灾的发生是烟花爆竹所致，而烟花爆竹是业主燃放的，与物业公司没有关系。

（2）业主的车辆阻挡了消防通道，影响了灭火，应由车主承担责任。

（3）物业公司在消防通道用黄色油漆标注了"消防通道禁止停车"的警示标语，已尽到了警示责任。

（4）保安在巡逻中发现违规停放的车辆后，在找不到车主的情况下留有字条提醒车主驶离消防通道，也尽到了管理责任，因此对火灾造成的损失不应当承担责任。

根据《消防法》第十八条第二款的规定，住宅区的物业服务企业应当对管理区域内的共用消防设施进行维护管理，提供消防安全防范服务；《消防法》第二十九条规定，负责公共消防设施维护管理的单位，应当保持消防供水、消防通信、消防车通道等公共消防设施的完好有效。法院判决如下：物业公司作为小区消防安全责任单位，在发现消防通道被阻塞后，理应采取有效措施保证消防通道畅通，但物业公司未能尽到应尽的管理职责，导致灭火

延误，扩大了火灾的损失，理应承担一定的责任。经法院调解，物业公司最终赔偿了业主50000元经济损失。

案例点评

物业公司在消防管理中负有以下责任：

（1）预防责任：物业公司应开展进行消防监控、巡查，火灾隐患防范等工作，确保消防设备设施的正常运行，消防水源、消防通道、安全疏散通道的畅通。

（2）制止责任：及时制止阻塞消防通道的行为。

（3）报告责任：消防隐患在自己能力范围内无法消除时，应及时向公安部门报告。

本案例中，物业公司应当预见春节期间，燃放烟花爆竹容易引发火灾。当发现消防通道被车辆阻塞，在无法履行前两项责任的情况下，未向公安部门报告，是物业公司承担责任的主要原因。

第六章 物业小区出入管理

小区出入管理是物业管理工作的一个重要组成部分，这关乎物业管理企业的管理水平、服务质量、小区业主的人身与财产安全等众多问题。因此，做好小区出入的管理工作，需要企业制订管理方案，管理人员严格执行，业主住户密切配合才行。

第一节 管理要点

一、人员出入管理

1.物业区域人员往来管理难点

许多物业小区，对人员出入的控制管理还存在诸多弊端。有的小区对访客不做登记，任意放行；有的小区虽有登记表、监控室，但往往执行不严。

在现实中，有些人员混进小区乱发广告、传单，搞非法推销、传销，对业主造成了恶劣的影响，所以，人员出入管理非常重要。

2.物业区域人员往来管理措施

由于住宅小区、大厦业主和非业主使用人的需求和特点不同，物业公司对不同类型物业人员的往来管理是有区别的。

住宅小区的业主和非业主使用人可凭密码和智能卡进出，而来访者通过登记或经业主和非业主使用人同意后方可进入。

大厦是以办公为主的商业区域，因为人员进出过于频繁，逐一登记制度是不必要和难以落实的。可对从大厦搬离物品的人员进行登记，并凭业主或非业主使用人入住时预留的印鉴或签名确认放行。

往来人员的登记和管理由固定岗位的工作人员负责，同时配合相应人员的流动式巡逻和巡查，对进入小区或大厦的人员进行监督，以便及时发现不法行为，第一时间报警并协助公安机关制止违法犯罪行为。

二、物品出入管理

1.进入小区物品的限制

以下物品应该严格限制进入小区：

（1）易燃、易爆、有毒、腐蚀性强的物品。

（2）易腐、散发厌恶气味的物品。

（3）未装袋的散装施工材料、物料。

（4）用易碎、易破容器装载的液体物品。

限制范围外的物品，出入口保安人员只作一般性的检验。

2.物品运出小区的管理

对于运出小区的物品，尤其是大件物品，出入口保安人员应该严格按照公司规定加以管理：

（1）一般情况下，业主的物品运出管理区域都要办理放行条。

（2）办理放行手续所需的主要证件：运出物品清单、业主的身份证或复印件（如是单位的可开具单位证明并盖章）、代理人身份证或有关身份的证明文件。

（3）业主的委托人办理物品放行时，应经业主同意，并向管理处提供有效的证明文件。

（4）保安主管或物业其他人员查验证件后，开出放行条；门岗查验证件和物品无误后，收回放行条，并给予放行。

（5）装修施工材料的放行，要经装修或施工负责人的确认。

第二节　案例解析

案例01：租户没有放行条，却要搬出物品

💼 案例背景

　　商业广场某室一位赵姓租户要搬出家具，这位赵先生平时与大堂保安员关系很好。保安员一见主动上前搭话："您好，赵先生，请您出示放行条。"

得知赵先生没有办理，保安员向他解释：按照管理处的规定，凡搬出物品都必须经业主同意并由管理处开具放行条。于是赵先生来到管理处服务中心办理放行条，可是由于没有业主的同意证明，而未办成。

赵先生回到大堂，想借助平日的友好关系将物品搬出，却被保安员拒绝，他勃然大怒，表示不管怎样都要搬出去。

保安员立即找来当值班长，一起与赵先生沟通。两人首先感谢赵先生的一贯支持；然后耐心地向他解释管理处搬出搬入管理制度的必要性和重要性；同时表示只要他办好有关手续，管理处可以组织同事帮助他搬运东西。保安员动之以情，晓之以理，令赵先生无地自容。他委托保安员照看楼下的物品，马上就去联系业主办理有关手续。

案例点评

物业管理人员在执行各项规章制度时，应一丝不苟，不能讲情面。其实，不讲情面，并不一定就会伤了感情。只要制度是合理合法的，是切切实实维护业主利益和安全的，经过耐心的解释，通常都可以获得业主的理解。

案例02：租户伪造"业主同意搬出证明"

案例背景

某天下午，一小区租户梁先生来到管理处办理搬出手续。客服员小陈礼貌地请他出示业主同意搬出的证明，谁知梁先生一脸茫然，似乎还不知道有这一要求。小陈耐心地解释：为了保障业主的利益，租户搬家时，必须提供业主本人身份证复印件和同意搬出物品的证明书才能放行。梁先生马上回去联系业主。

第二天一早，梁先生把业主同意搬出的证明交给陈小姐。细心的陈小姐验看身份证复印件及证明无误后，又调出业主档案进行核对，经反复对照比较，发现业主签名笔迹有差异。她灵机一动，找个托词支开梁先生，抓紧时间拨通了业主的电话。

事情很快查清楚了，原来梁先生已经拖欠业主8个月的房租，业主一直联系不到他。显而易见，梁先生所提供的证明是假的，无非是想骗过管理处，搬出物品后一走了之。业主接到电话后，迅速赶回，找梁先生算清了房租，并对管理处表示谢意。

案例点评

物业管理中遇到的大多是一些鸡毛蒜皮的小事，可小事并不小，一个环节上的轻微疏忽，往往可能铸成难以弥补的大错。所以，物业管理人员事事要用心，事事要精心。

案例03：物业公司因"放行条"被起诉

案例背景

某日上午，小区业主朱某租用一辆货车将家里的旧沙发搬出小区。到小区出口处却遭保安阻拦，称无"放行条"不予放行。朱某称"放行条"于法无据，侵害了公民的自由出入权，是违法行为。"放行条"作为物业管理的一种手段不具有强制性。但保安仍然要求朱某出示"放行条"才能放行。无奈之下，朱某不得不将沙发又运回家。此后，朱某将小区物业公司告上法庭，称物业公司以安全为借口，擅立私法，强逼其遵守，该行为侵犯了其自由出入权，并使其蒙受租车损失。物业公司的行为违反了《物业管理条例》第四十七条第二款的规定，已构成侵权，请求物业公司向其作出书面道歉并赔偿其经济损失人民币354元。

通过调解，双方达成了和解协议，朱某撤诉后将其沙发搬出了小区。

案例点评

本案例的法律关系并不复杂，但案件反映的问题却非常典型。现实当中，物业公司采取的登记、检查等安全防范措施确实给当事人的出入造成了一定的不便。物业公司应当努力提高登记和检查的效率，为当事人节省时间。而业主或物业使用人也应当积极配合物业公司的工作，对物业公司采取的安全防范措施给予更多的理解和支持。

案例04：以理服人，劝租户办放行条

案例背景

某日下午14:30左右，某小区一号岗当值保安员向当值领班报告，听涛阁6栋503室租户赵小姐有一批物品要搬离小区，但手续不齐备，没有"物品放行条"；赵小姐不愿意到管理处去办理放行条，且态度很不友好，指责保安员做事死板。

领班及时赶到现场，了解情况后，询问赵小姐事是否有业主同意放行的书面证明，赵小姐称电话联系不上业主，加上事情仓促未来得及取。领班耐心地向其解释物业公司对物品放行的规定：物品带离小区，当事人须持有物品放行条，门岗保安一律凭放行条予以放行。而租户将相关物品搬离小区时，首先必须取得业主的书面同意或直接由业主到小区管理处开具放行条，以防租户欠交租金、物业管理费，或将业主的私人物品带离小区。赵小姐觉得这项规定合情合理，于是便联系业主到管理处服务中心按程序办理放行手续。

案例点评

"物品放行制度"规范与否，直接涉及业主的财产安全，如何维护业主的财产安全，规避物业管理企业管理不当带来的民事风险，是每个物业管理企业要认真思考的。本案例中，保安员以理服人，抓住事情的重点，有理有据，最终获得了业主的支持。

案例05：租户欠费要逃，保安及时制止

案例背景

某日19:00左右，小区53栋408室业主向保安部反映，他的租户所欠租金较多，至今未交清，希望当值保安员多加留意，不要让租户搬走。当晚23:50左右，6号岗当值保安员发现该租户将许多物品装上车，准备搬走。

当值保安立即向领班汇报，领班迅速赶到现场，与租户说明了小区物品放行的相关程序，并及时向当值主管汇报了情况，当值主管赶来后，让租户把物品搬回408室，并将此情况电话告知408室业主。业主过来与租户结清房租后，将其放行。

案例点评

业主事先与管理处取得联系，提醒管理处其租户存在逃跑的可能，为事件的圆满处理打下了基础。在整个事件中，保安人员始终掌握着主动权，这得益于保安人员与业主之间的良好沟通。保安部的员工对问题的处理简洁、有效，赢得了业主的称赞。

案例06：没有业主书面许可，租户搬出部分家具

案例背景

9月的一天，某小区D栋1802的租户想要搬出一部分家具。他千方百计联系业主，但业主正在国外，就是不接电话。按照管理规定，租户搬出家具，必须有业主的书面许可证明，而没有业主的书面许可，管理处是不予放行的。急于搬出家具的租户万般无奈，找到管理处领导，恳请给予特殊照顾。

管理处经理考虑，如果简单放行，恐怕会损害业主的利益；若拒不放行，又会损害租户的利益。于是针对租户只是搬出部分家具，提出了一个变通办法：租户列出所搬出家具清单，并暂交和家具价值相当的押金，管理处做好记录，并出具押金的收据，一旦租户提供业主的书面许可，管理处立刻全额退回押金。这位租户觉得管理处的建议合情合理，便欣然接受。

时隔不久，该租户拿到了业主书面许可。到管理处换取押金时，对管理处既为业主负责又为租户着想的做法赞许有加。

案例点评

在现实中，确实发生过个别租户拖欠业主房租、搬走业主家具溜之大吉的事

情，所以，严格执行规章制度是风险防范的重要措施。但一丝不苟地执行规章制度并不等于拘泥不变。正确的做法应当是，把握规章制度的基本精神，将原则性与灵活性结合起来。

案例07：空白放行条，业主电视机被抬走

💼 案例背景

某日上午9:40左右，一位小姐自称是12栋一位业主的女朋友，需要请两位先生将彩电搬出小区进行维修，当值保安员小彭让其出示"物资搬运放行条"，但该小姐未办理，当值保安员遂让其到管理处客服中心开具物品放行条，同时将情况向班长汇报，可该小姐说不清楚房号及业主姓名，所以客服中心拒绝为其开具放行条。这位小姐趁管理处客服中心工作人员不注意，偷偷撕下一张空白的放行条，而客服中心也未及时将此信息向上级通报。

10点左右，该小姐拿着空白的放行条返回小区大门，她声称没带身份证，不记得身份证号码，无法填写。该小姐与保安员交涉了20分钟左右后，保安员小彭在没有向客服中心及班长汇报的情况下，扣押了该小姐随行一名男子的身份证后予以放行。结果电视机被搬出，给业主造成了损失。

事发后，经过调查发现，该小姐与业主认识，有一定的关系，因在交往中产生了纠葛，便偷偷配了房间钥匙对该业主进行报复。但该业主发现电视机被抬走后，也未及时向派出所报警。

由于管理处的工作失误让业主产生了损失，于是业主要求赔偿，但根据该小姐与业主的特殊关系，管理处正积极与业主协商解决的办法。

针对此事，物业公司召开全员会议，再次强调物资搬运的处理程序，让员工提高安全意识；同时制定逐级汇报制度，进一步规范了工作流程。

📋 案例点评

在该案例中，保安员、客服员均缺乏职业敏感性。对重要物资的搬运要不怕麻烦，认真核实。物业管理处在加强物资搬运放行控制的同时，还应加强对保安员的培训，让其熟练掌握处理问题的程序、方法、技巧。

案例08：访客假冒业主不愿登记

案例背景

某日晚上9点多，某大厦保安员小杜正在大堂值班，只见两个人夹着公文包，大摇大摆地径直往里走。

小杜上前礼貌地问道："先生，您好，请问你们到那里？按小区管理规定请做来访登记。"

谁知他们很不耐烦，瞪着眼睛说："怎么了，我是业主，还要登记吗？"

小杜礼貌地问道："先生，请问您是哪楼哪座业主？"

"我是××阁27B的业主。"他们语气粗暴地说。

"请问先生27B业主姓什么？叫什么名字？"小杜依然面带微笑地询问。

这两个人无言以对，默默低下了头。

小杜借机把小区管理规定向他们解释了一遍，并请他们给予配合。最后他们不好意思地按照小杜的指引，进行了登记。

原来他们是找业主办事的，只是图方便不想登记而已。

案例点评

来访登记是小区避免发生意外事件的重要手段之一，访客形形色色，保安员对态度蛮横的访客既坚持原则，又不态度生硬，对访客不动声色地步步紧逼，进而达到让访客冒充登记的目的，识别了来访者的身份，保证了小区的安全。

案例09：业主的亲属来访，也要登记

案例背景

某天，大堂保安员小张正在值班，这时进来一位陌生人。小张主动微笑问好："先生，您好，请问您拜访哪一位？"

"16A。"来访者嘴里应答着，人已到了电梯口。

"请您出示证件登记一下，好吗？"小张赶快跟上前去。

"你烦不烦啊！"访客这时已走进电梯，准备上楼。

"对不起，小区规定来访者必须登记，请您配合我们的工作。"

小张只好将电梯拦住。

"哪来的那么多烂规定。"访客将小张的手一下打开，用非常蔑视的口气说道："滚开，你算什么东西，我是业主的弟弟。"

小张强忍着对方的侮辱，再次把电梯按住，态度诚恳地说："我不是什么大人物，只是一名普通的保安员，但为了业主的利益，我必须履行我的职责。您要真是业主的弟弟，就更应该登记，您难道不希望您的哥哥居住在一个安全的环境里吗？"

小张的一席话，引来了周围其他几位业主的一阵附和，访客也自知理亏，只好拿出身份证配合小张进行了来访登记。

"谢谢先生，请您走好，再见。"

案例点评

在日常工作中，保安人员经常会无缘无故遭受别人的无理刁难或侮辱，叫人难以忍受，尤其是年轻气盛的保安员，一不留神就可能与来访者发生摩擦。然而，物业管理属服务行业，而服务行业的特点之一就是"忍耐"，这就需要物业人员有很强的自控能力和良好的职业道德修养。本案例中，小张能够坚持原则，真正为业主的安全着想，同时，能够忍受侮辱，微笑地面对刁难者，实在难能可贵，值得每个物业从业者学习。

案例10：访客蛮不讲理，还出手伤人

案例背景

某年3月的一天，新员工小王第一天单独值班，就发生了不愉快的事件。一位先生探访24楼G住户，不愿做来访登记，还蛮横地说：你们公司的制度管不到我。他想趁业主进出时，混进电梯，被制止后，又向后楼梯走去，小王迫不得已将对方一把拉住。不料对方抬手就给了小王一拳，小王刚要发火，可一想到企业的服务精神，理智战胜了冲动，咬咬牙，松开了手，让访

客上了楼。小王忍着胸口的痛马上向办公室报告，管理处随即报警。派出所干警赶到后，找到那位访客，叫他到派出所接受处理，不料这位访客竟当着干警的面，对小王进行言语威胁。小王的心里很不安，不知道最终结果会怎样，会不会遭到对方报复？

没想到半小时后，打人者回到了小区并找到小王，非常诚恳地向小王道歉赔礼，请求原谅。

案例点评

一些员工思维简单，意气用事，因为一点小事就与业主发生争执，开始我们很在理，但随着事态逐步升级，从"口水战"到身体"接触"，最后赔礼道歉、接受处罚的反而是我们。通过这件事，我们要明白一个道理：只要我们勤勤恳恳，有礼有节，认真按公司的工作程序办事，遇到麻烦时，不要意气用事，多依靠公司的支持，公司决不会让我们任人凌辱和欺负，公司一定会依靠法律的途径来保护自己的员工。

此案例中，由于小王的克制，事情得到了解决。当然，来访登记不是我们公司的制度，而且我们公司的制度也确实管不到别人，此时小王应该这样答复：这是本大厦全体业主共同制定的"业主公约"中的规定，我们受全体业主的委托，要忠实地执行，而无权更改或违反。

案例11：访客不愿登记，还恶言威胁

案例背景

一天下午，保安员小杨正在大堂当值，一位西装革履的先生径直走来。小杨得知他是探访朋友，就礼貌地告诉对方，访客必须先用"对讲"联系业主，有人应答并登记证件后才能进入。对方认为小杨是在刁难自己，就冷嘲热讽，恶言威胁。小杨耐心地解释，管理制度对事不对人，是为了保证全体业主的安全，希望对方理解，并主动要求为对方联系业主。

小杨见对方的态度有所缓和，就迅速与住户取得了联系。当住户一到大堂，来访者就大发牢骚，说保安不让进。住户了解事情原委后，便责怪访客

将简单的事情复杂化，还说道"拿证件出来去登记一下不就完了吗，干什么还要骂人？赶快给人家道歉。"

小杨见状忙打圆场道："没关系，可能是我解释得不清楚，只希望大家能理解和支持我们的工作，一句话，平安就是福！"

案例点评

服务行业有一句口号：客人永远是对的。话虽然简单，但真正理解的人并不多。这句话绝不是说客人（包括业主、租住户）就永远不犯错误，人非圣贤，孰能无过？而是让我们把"对"的理由让给客人，把"错"的借口留给自己。我们要学会打圆场，不要得理不饶人，要知道"每赢了一位客人，就等于失去十个客人"。

此案例中，小杨有三点做得很专业：

（1）保持微笑。无论对方如何无理，都始终保持微笑服务，这样才能感化对方，使对方的态度发生改变。

（2）见机行事，灵活变通。既然访客嫌麻烦不愿意打"对讲"与住户联系，那么我来帮你打，这样就缓和了僵持的场面，将对方引导到正确的道路上来。

（3）及时给访客台阶下，主动将责任揽到自己身上，不让大家太过尴尬。既然事情都解决了，又不是大是大非的原则问题，就没必要非要分清责任，弄得大家势同水火。小杨这样做既不得罪住户和访客，又展现了员工良好的个人素质。

案例12：访客到访，业主没应答，保安放人上楼引投诉

案例背景

一天中午12点左右，两位访客来到某大厦大堂值班室。

保安员："请问两位先生找谁？"

来访者："我们找T层A座××公司×总经理。"

保安员："那请您打一下对讲，看他在不在。"

来访者便按"对讲"键，呼叫×总经理，但连按三遍都无人应答，于是对保安员说："我们刚才已通过电话并约好了，他正在家等我们。"

保安员认为，×总经理虽没有应答，但自己确实在半小时前看到他回来了，而且来访者说与他事先联系好了，证件又齐全，便做了登记给予放行。

没想到下午两点多钟，×总经理电话打到管理处投诉，说物业公司执行管理制度不严格，没有得到业主同意就随便放人上楼。

案例点评

这个保安员确实在工作上出现了严重失误，虽然一开始中规中矩，按管理规程执行，但问题出在没有得到被访者明确答复就放行了，所以引起了业主的投诉。

我们可以做个假设，为什么×总经理在家不愿见客呢？原因不过几个：一是中午休息，没听见；二是听见了，但不愿意接待来访者；三是来访者不重要，可见可不见。

坚决不放行又有不妥，假如来访者地位、职务比被访者高，或有特殊的原因被访者真没有听到铃响，那×总经理就会将所有的责任推到管理处身上。

正确的做法应该是：

（1）当时用对讲没有联系上，应让来访者再通过电话联系，得到被访者同意再放行。

（2）用内部电话与×总经理联系，按其授意处理，这种做法比较起来不失为一个最佳的选择。

案例13：访客拿住户钥匙要上楼入户

案例背景

某大厦管理处大堂保安员碰到这样一件棘手的事：两位访客自称是某住户的密友，受住户之托，持有住户的钥匙，要进入住宅办理要事，经仔细询问，两人能够比较准确地说出该住户的基本情况。如果放行，保安员心中无底，如果拒入，又恐耽搁人家的要事……

针对未曾遇到的新问题，管理处及时研究对策，并对大堂保安员作业指导书进行了补充。凡遇到类似情况，一、要求访客出示住户的书面委托，在确定书面委托真实性并留存后，登记其有效证件，予以放行；二、访客不能出示书面委托的，则由大堂保安员用电话与住户直接联系，确认无误后，做好记录和登记再放行；三、无法直接或间接证明访客入户已得到住户认可时，要婉言谢绝入内。若访客无端生事，可视情况上报或报警。

之后，管理处又数次遇到这种情况。他们的工作人员按照上述规定进行处理，既得到了住户和访客的理解，又确保了大厦的安全。

▇ 案例点评

此类情况在许多物业公司都会遇到，不严格执行登记制度放行访客造成住户财物甚至人身受损而使物业公司惹上官司的不在少数。所以，物业公司应能预见这类情况，并制定相应的对策来规避风险。

案例14：新入职员工误把业主当访客

💼 案例背景

一天晚上，某大厦一位入职刚两个月的大堂保安员接到一位小姐的电话，她声称要给某家送预订的家私，但电话联系不上住户，求其用对讲查实这家是否有人。保安员打通了对讲，业主得知是位小姐来电，便让其回话说他不在。原来他和这位小姐有矛盾，一直避而不见，而这位小姐想通过保安员查证他在不在家。如此这般，保安员更不敢有丝毫大意，用警惕的眼睛注视着每一位陌生的来访者，特别是女性。

凌晨两点多，一位小姐目不斜视地走到大堂门口拉门，保安员立即起身询问："小姐您好，请问您到哪一楼？"该小姐扭头用冷冷的目光盯了保安员一会儿，命令道："给我开门！"保安员再次发问，该小姐有些愤怒了，高声道："我是业主，你马上给我开门！"保安员又说："请小姐告诉我您的楼座好吗？"该小姐拒绝回答，只是使劲摇晃门。

这时，该小姐身后回来一位业主。大堂保安员只好开门，他决定先观察一下她到哪一楼，再进行核实。从电梯监视器里他看到小姐到了某楼，便马上核对业主登记表。随用对讲核对，该小姐果然是这户的业主。保安员连忙向她道歉，说自己新来不久，请多关照，先消了她的火气，接着，又向她解释，这样做是为了确保大厦安全，不妥之处欢迎批评。

或许是保安员的诚恳态度感动了她，该小姐说起话来也和气多了："其实不该怪你，我已有几个月不在家了，你当然不认识，我今天心情不好，也请你不要往心里去。"一场不快就这样烟消云散了。

此后，这位小姐每次见到这位保安员，都要友善地微笑点头。

案例点评

新来的保安员要熟悉所有的业主需要一个过程，因此，有些业主保安员不认识也在情理之中，尤其是一些长期不在家的业主。本案例中，保安员的做法是对的，因为现实中，在一些管理不规范的小区，确实有人假冒业主进入楼层做一些违法的事，如乱张贴广告。

其实，最感人的是这位保安在得知这位小姐确实是该楼业主后的诚恳道歉，因着他的道歉，赢得了这位业主的谅解和以后的和谐关系，这一点特别值得大堂保安员学习。

第七章 物业小区车辆管理

在物业服务纠纷中，停车纠纷居高不下，大多反映在权属争议、损坏纠纷、失窃赔偿、收益归属等方面。引发此类纠纷多是因为物业公司的管理存在不规范和疏漏，因此，物业服务企业应切实做好小区车辆管理工作。

第一节 管理要点

一、车辆管理要求

1.建立车辆管理队伍

为做好管理区域内车辆管理工作，提供安全有序的车辆停放管理服务，物业服务企业应根据小区车辆管理实际情况做好人员安排，包括小区车辆交通的疏导及管理人员、停车场维护人员和车辆收费管理人员等。

2.车辆出入管理

对物业管理区域内出入及停放的车辆，宜采用出入卡证管理。卡证根据停车场的性质采用不同的方式。

居住在物业区域内的业主(或物业使用人)，其车辆多以办理年卡或月卡的方式管理，出入时只需出示年卡或月卡即可。

外来的车辆或暂时停放的车辆应采用发临时卡的方式进行管理，即每次进入时发放一张临时卡，上面记录进入的时间、道口、车牌号、值班人等，此卡在车辆出去时收回。是否收费，应根据相关法规、物业类型、停车场性质和物业服务合同的约定作相应处理。

3.车辆停放管理

车辆进入管理区域后，管理人员应引导车辆停放。有固定车位而任意停放，或不按规定任意停放，或在消防通道停车等现象出现时，管理人员应及时劝阻。同时，车辆进入停车位停放时，管理人员应及时检查车辆，观察车辆是否有损坏，车窗是否已关闭，是否有贵重物品遗留车内等，必要时做好记录并通知车主，以免出现法律纠纷。

二、车辆管理注意事项

（1）车辆管理的交通标识及免责告示应充足明显，以免发生法律纠纷。完善的交通标识及提示既可以确保管理区域车辆交通的有序，又可以减少安全事故的发生。而车辆停放票据、卡、证及收费牌上的相关免责提示等则可以提醒车主做好相应的安全防范措施，减少安全事件的发生，并且可以避免发生安全事件时引发法律纠纷。

（2）车主首次申请办理停车年卡或月卡时，应提交本人身份证、驾驶证、车辆行驶证原件与复印件，并签订停车位使用协议，建立双方车辆停放服务关系。协议上应对车辆是有偿停放还是无偿停放、是保管关系还是车位租用关系、停放过程中的安全责任等法律问题予以明确，以免在车辆出现剐损或丢失时引起法律纠纷。

（3）车辆停放必须符合消防管理要求，切忌堵塞消防通道。部分车主为了方便，经常会将车辆停放在消防通道；部分物业公司为了提高车辆停放收入，擅自将部分消防通道划为停车位，这样往往会导致消防通道堵塞，严重影响消防疏散及抢救。因此，车辆停放管理应特别注意对消防疏散通道的管理，以确保车辆停放符合消防管理的要求，绝对不能堵塞消防通道。

（4）对于电梯直接通往室内停车场车库的小区，必须做好电梯入口的安全防范监控措施，防止不法人员直接从地下车库进入楼内。

第二节 案例解析

案例01：不购买车位，不让停车

 案例背景

一小区物业管理公司要求有车业主刷卡进出小区，但没有购买车位的业主不能办理出入卡，也就不能进入小区。十多天来，没有购买车位的业主只能将车停在小区外。高女士就遭遇了这样的情况。

高女士去年搬进了新买的商品房，私家车一直就随意停放在小区里。从上个月开始，情况发生了变化，物业公司贴出告示说小区内停车得交车位费。每月交120元停车费后，物业给一张门禁卡，业主开车进小区直接打卡即可。如果不交费，从10月1日起就不让车进小区。高女士对物业的做法非常生气，她认为，物业公司只是进行一些职责范围内的管理工作，不让业主开车进小区就是"行为越位"。自己作为小区的业主，有进出小区的自由和权利，物业公司的做法严重侵害了自己的合法权利。物业公司辩称：此举主要是为了维护小区的环境，制止车辆乱停乱放。

案例点评

让不让业主开车进小区和业主买不买车位是两个完全不同的法律问题。物业公司不让业主开车进小区，这种做法肯定是不对的，这侵犯了业主的自由出入权。业主购买了商品房，对小区院落内的空地享有共同使用权，车位只是商品房的附属物，业主有商品房就是物权所有人。该物业公司以不购买车位为由不让业主开车进入小区的做法侵犯了业主的物权。

如果小区内要收取车位费，首先应由业委会协商通过，然后按照物价部门的价格标准定价，并报街道办、派出所等有关部门备案。如果小区内没有业主的合法组织，则需由全体业主协商通过。在业主不知情的情况下，物业公司擅自定价的做法是不合法的。

案例02：拒交停车费引起的交通处罚

案例背景

某物业公司管理的一住宅小区，有一业主家里有辆小货车，但他拒交停车费，物业公司多次做工作，他仍是不交。因此，物业公司通知他，如再不交就不让他的车进入小区。该业主称，如果不让进，就把车堵在大门口。为此，物业公司特意请教了交通部门，了解到，交通部门有权将堵塞交通的车辆拉走。

所以当该业主将车堵在门口时，物业公司当即打电话给交通部门，交通部门用拖车将车拖走。该业主找物业公司要车，得知车是交通部门拉走的，他很着急，请求物业公司出面帮他要车。最后，在物业公司的帮助下，该业主向交通队缴纳了罚款要回了货车，从此，再也不拒交停车费了。

案例点评

物业管理要依靠政府有关部门的支持，既要讲原则，还要讲策略。《中华人民共和国道路交通管理条例》第六十六条规定，任何单位和个人未经公安机关批准，不准占用道路摆摊设点、停放车辆、堆物作业、搭棚、盖房，进行集市贸易和其他妨碍交通的活动。该业主将车停放在非停车场的道路上，应该受到处罚，物业公司依靠交通部门，既解决了堵塞道路的问题，又教育了业主，还收齐了停车费，一举三得。

案例03：提前制定措施，预防暴雨浸灌停车场

案例背景

某年5月初，广州暴雨，白云区、天河区多个花园停车场严重水浸，导致近千辆停在车库里的汽车被淹，车主们纷纷与物业公司协商赔偿方案。然而，××广场小区一期停车场虽然也出现了水浸险情，但是停车场内车辆并未受到影响。原来小区物业早已针对广东地区春季多雨、容易水浸的特点，制定了预防措施。暴雨来袭，物业主任立即赶到现场查看情况，物业管理人员也及时到场，第一时间让保安通知车主将车开上路面，联系不到车主的，就让保安将车推上路面。另外，物业工作人员还用沙包堵住入口，力争将损失降到最低。通过一个晚上的不懈努力，尽管停车场被水淹，但业主的车辆却得以幸免。物业管理人员都欣慰地表示："保护好业主利益不受损失，是我们应尽的责任。"

案例点评

针对停车场水浸的风险，有三防专家指出，地下车库进车坡道应设置两道或两道以上的排水沟。首先室外地面坡道起点设一道，用来收集室外地坪流向坡道

的雨水，积水可直接排至室外雨水井；另外在坡道终点处设一道，并在其尽头设置敞开式集水坑和排水泵。

对于地下车库，也应设置集水坑和排水泵。物业公司要保证电房不被水淹，加强对水泵的检查，保证其正常运行，并制订应急预案和准备必要的沙包等防水抢险物资，当积水出现时及时用水泵排出。遇到险情时，物业公司也可向当地区属排水抢险部门求救。

案例04：车位主人要停放的车辆与登记的不符

💼 案例背景

现在很多业主都会在小区购买专属车位。当其把没有在管理处车场注册的车开回小区时，往往要停放在自己的车位上，而这又不符合专位专车的车场管理要求。所以处理不好，很容易造成矛盾和纠纷。

某大厦管理处也同样遇到了这一问题，他们坚持具体问题具体分析的原则，做了适当的变通：首先确认进入车位非注册车辆的开车人是车位主人还是其雇请的司机。确认后再查明车位有无停放已注册的车辆，若有，则动员其将车停放到附近的收费车场；若无，则问清注册车辆未归的原因，同时告知该车停放期间，注册车辆将不能进入车场。对方认可的，做好详细记录后准入，并在交接班记录上注明。这样变通处理后，既保持了车场管理的严谨性，使之仍然井然有序，又避免了车场管理的机械性，让业主满意。

▤ 案例点评

物业管理中的许多事情都非常繁杂，再好的管理制度也不可能完美无缺。所以，有时要灵活处理。但变通不能违背总体管理原则。

案例05：车辆破损，进入车场后推卸责任

💼 案例背景

某日23时40分，花园B栋一业主将车辆驶进小区，停放后便上楼休息。

随后赶到的巡逻保安员发现车的后窗玻璃已经破碎，当即向保安班班长汇报，并做了详细记录。考虑到车主可能已经就寝，且现场情况可以认定车窗是在车场以外损坏的，就没有打扰车主予以核对确认。

次日早晨6时20分，保安员向车主通报其车辆后窗破碎。不料车主竟一口咬定是停进车位后被高空抛物所致，反倒要求管理处予以赔偿。保安员拿出查车记录加以说明，并让其仔细查看一直保护着的现场情况。车主横生枝节，否认记录和现场的真实性。一方据理评说，一方拒不认账，一时难以扯清。

在双方争执不下的情况下，管理处请来所属派出所员工进行调查和调解。派出所的工作人员认真查阅记录和勘查现场，询问有关人员和周边住户，然后断定车窗是在车场之外破碎的，由车主自行负责，并对车主嫁祸于人的行为提出了严厉批评。车主哑口无言，只得认账。

📑 案例点评

从这个案例中我们可以得到以下经验：

（1）发现类似的事情，应该及时告知业主，当时打扰一下，可能就少了后面的麻烦。

（2）遇到一些可能产生争议的问题，从一开始就应注意搜集和留存相关证据。有了证据，一旦出现纠纷，处理起来就可以省去许多麻烦。

（3）无法扯清的情况下，应及时请权威机关来处理。

案例06：搬家车辆损坏公用设施后逃走

💼 案例背景

一日，某小区D栋一业主搬家。装完家具后，业主乘车先行，而随后的搬家车行至道口时，偶发故障，在自动道闸开启限定时间内未能及时驶离道口，重新启动后将下落的道闸横杆刮坏。司机见状，匆忙开车离去。

由于小区均为私家车位，实行IC卡管理，所以当时没有留下该搬家车的牌号记录。找不到肇事的车辆怎么办？管理处的几个管理人员经过短暂磋商，确定要设法联系业主。并通知大堂保安员，一旦发现业主回家，立即请其到管理处，同时报告管理处有关人员。

几天后，管理处与业主直接见了面。首先向其讲清了事情的经过和后果，然后让其帮助查找司机。业主称，车是托朋友在街上临时雇用的，司机已无从查找。这样的托词是管理处早已预料到的，于是管理处提出，搬家车辆是业主办理搬出手续后带入小区的，若业主不能积极帮管理处找到直接责任人，业主就应当负连带经济责任。经反复、耐心地做工作，业主认为管理处言之有理，同意承担修复道闸的全部费用。

📖 案例点评

在遇到难题时，大家坐下来议论一下是相当重要的，一方面可以集思广益，找到解决问题的办法；另一方面可以统一思想，步调一致地推动问题的解决。同时，凡事预则立，不预则废，办一件事情先预想几套方案，临时出现变故就不至于手忙脚乱，成功的把握也更大一些。

案例07：业主强占他人车位，怎么处理

💼 案例背景

某日晚上11点左右，地下车库值班保安员报告，B楼的一位业主只购买了一个车位，却在车库停了两辆车。保安员劝其将未购车位的车开走，但业主对保安员不予理睬，将车锁好后扬长而去。无奈，保安员只好求助大堂保安员使用对讲系统同业主联系，要求其将车开出车库。业主先是采取了不接对讲的方式，后来对保安员进行谩骂，甚至扬言谁再打他家的对讲，就用开水倒下来烫谁。

了解这些情况后，办公室值班人员当即同业主联系，得到他的同意后，登门拜访。首先，对保安员反复打对讲影响业主生活道歉；然后，向他说明车库内的大多数车位已售出，一个车位只允许停放一辆车，如果占用别人车位，别的业主就会有意见；最后，又特别指出这样的事情多了，大家互相效仿，总有一天他自己的车位也会被别人占用的。看到他不断点头，值班人员趁热打铁，建议他再租个车位，从根本上解决停车问题。他听了这番话，觉得合情合理，便让值班人员替他找一个空位租下来。值班人员自是满口答应。

第二天一早，管理人员就同他联系，告诉他车位已找好，请他抓紧到办

公室来办理。果然，他没有食言，当天下午便来到办公室，顺利地办理了租位手续。

案例点评

纠正某些违规行为，要有理有据，并且讲明这一行为的坏处，用语言创造一种业主自身受困扰的情境，使之"己所不欲、勿施于人"。同时，处理问题时不要着眼一时一事，而要争取一劳永逸，这样去做工作就更有效率。

案例08：住宅小区空地建的车辆保管站收费合理吗

案例背景

某住宅小区的物业公司为了解决小区内车辆乱停乱放的状况，在住宅小区的空地建起了一个车辆保管站，要求业主把车辆停放在保管站内。除自行车免费保管外，物业公司每月向摩托车、汽车的车主收取一定的费用。部分业主认为乱停乱放虽然不好，但保管站的面积已在购房时分摊到各业主头上，且业主每月向物业公司交了管理费，物业公司再向业主收取机动车辆管理费是侵犯业主的权益。因此，要求物业公司停止收取机动车辆的保管费。

案例点评

该项收费是合理的，但应向业主解释清楚，收取的费用是为了支付车辆管理所必需的人工费和设施、设备费及相关的管理费。费用的收取以维持车辆保管站的正常运作为最低限度。

案例09：楼宇玻璃掉落砸坏汽车，谁担责

案例背景

某小区一位业主将汽车停放在楼前，楼上的一块玻璃突然掉落，将汽车的前挡风玻璃砸碎，并划伤了汽车的前盖。该玻璃是过道窗户上的，窗户是

铁皮钢窗，年久失修。车主认为物业管理中心对小区进行物业管理，并收取了物业管理费，应对楼宇负有管理义务，楼宇公共部位的玻璃掉落砸坏汽车，物业管理中心应当予以修理，并恢复汽车原貌。

📖 案例点评

在该案例中，物业公司应该对被损车辆负责。《民法典》第一千二百五十三条规定：建筑物、构筑物或者其他设施及其搁置物、悬挂物发生脱落、坠落造成他人损害，所有人、管理人或者使用人不能证明自己没有过错的，应当承担侵权责任。所有人、管理人或者使用人赔偿后，有其他责任人的，有权向其他责任人追偿。规定中明确了所有人和管理人的责任。该玻璃是公共过道窗户上的，物业公司有责任去消除这种隐患，尽快对窗户进行维修。由于年久失修，造成玻璃掉落，砸坏汽车前挡风玻璃和前车盖，物业公司应当承担不可推卸的过错责任，赔偿车主修理费用。

案例10：访客蛮横无理乱停车

💼 案例背景

三月中旬的一天，某大厦发生了这样一件事：一辆外地牌照的车辆要进小区停车场，保安员见是外来车，便告知这里是私家停车场，请他到其他的地方停放。而车主自言是来找楼上业主的，以进去调头为借口驶入车场后，把车往道路中间一横，便开始破口大骂。保安员见他堵塞交通，又如此蛮横不讲理，就争执起来。

保安班长小彭赶到现场后，觉得保安员认真履行职责，并无不妥之处，但如果处理不好，不仅给业主造成误解，也会打击保安员的工作积极性。所以，就请车主把事情解释清楚，否则不能离开。车主见情况不妙，急忙电话通知楼上业主，诬告说保安员不让停车也不让走，还要打人。当业主罗小姐来到停车场，听小彭把事情简要介绍完，心里已明白了八九分，忙打圆场说："原来大家误会了！我代他给你们道歉，他这人脾气急，就别跟他计较了，让他把车开走吧！"

小彭见罗小姐很通情达理，自己的基本目的也已达到，便叫保安员开闸放行。当然，小彭也没有忘记在事后，专门找保安员谈了一次话，从精神上给予了安慰和鼓励。

案例点评

这类事情，保安员在车辆管理工作中经常遇到。本案例中，小彭处理问题时分寸把握的可以说恰到好处。如果不是什么原则性的问题，只要我们基本目的达到了，就没有必要跟业主或业主的朋友较真，或者一定要分出谁是谁非不可。当有业主出头做和事佬，我们要会做顺水人情，不能纠缠不休，否则难以收场。

另外，事后的跟进工作也非常重要，一定要做通员工的思想，帮他们放下包袱，以更大的热情投入到工作中去。

案例11：外来车辆故意堵塞道口，怎么办

案例背景

一次，一部外来车辆要求进入均为私家车位的某住宅小区。保安员礼貌地上前说明情况，并劝说司机将车停放在紧挨花园的一个公共停车场。谁知司机大怒，嘴里说着不干不净的话，把车停在道口就扬长而去，道口一下子被堵塞了。

保安员急忙找来当值的班长，当值班长简要了解情况后，马上追上司机，诚恳地做他的工作：首先对小区设施有限而未能提供停车条件表示歉意；然后说明道口停车堵塞交通的利害关系；接着请其尽快自行将车移走，以免造成影响；最后指出，若其一意孤行，则立即扣留该车并电话报警或请交通管理部门拖车。

司机自知理亏，也觉得堵塞交通引致交通管理部门拖车难以招架，只好乖乖地回来把车开走，道口又恢复了正常。

案例点评

保安人员对待那些无理取闹的人，首先还是要笑脸相迎，用情感去感化他，但同时又要不卑不亢，想办法制止他。前者可谓动之以情、晓之以理，不给人家

留下口实；后者则是以法律保护自己，不被人家当"软柿子"捏。总之要有理有制有节，先礼后兵。

案例12：一卡多用，逃避交费

💼 **案例背景**

　　一车一卡，车卡相符，凭卡出入是停车场的基本管理规定，但在实际工作中，却常会出现一卡多用的情况。

　　新浩城花园的某位业主有辆车办了月停车卡，一天，办了月卡的车尚停在停车场内，他又开着另外一部车回来，当值的保安员给他刷了临时卡，让他进了停车场。可是当他开第二部车出去时，拿出另一辆车的月卡给保安员看，企图逃避交费。

　　对于该业主这种投机取巧的行为，当值的保安员非常有礼貌地解释了停车场管理规定，并通过电脑将两部车的进出时间和车型、车牌照片调出来，用事实说话，该业主心服口服，对物业安全管理工作称赞不已，最终按规定交了费。

　　自此以后，该业主再也没有出现过类似的情况。

📑 **案例点评**

　　现代物业管理中，智能化管理与技术越来越普及，技防设备和手段在日常工作中也日益重要。所以我们必须紧跟时代的发展，顺应社会的潮流，不仅要逐渐更新落后、面临淘汰的旧设备；还要加大对员工的培训力度，不断灌输新思想、新观念，开展各服务层次的职业后续教育，使他们都能熟练掌握智能化物业管理的技能，善于利用技术手段来解决实际问题。就像此案例一样，根本不需要我们保安员多费口舌解释，只要在电脑上轻轻点击几下，便一清二楚，这样大大降低了与业主发生摩擦的概率。

案例13：业主亲属驾车外出

💼 **案例背景**

　　某大厦的一对夫妇与保安员相当熟悉，由于每次开车懒得进出换证，便与保安员有一个口头约定，只要是他们俩夫妇开车，打个招呼即可，不用换证，其他人则一概不予放行。

可是，在3月6日上午，保安员小李正在道口当值，见该业主的奔驰车车窗紧闭着向出口驶来。小李心存疑虑，因为按惯例车窗应该是打开的，便于业主与保安员确认，于是这次小李就没有打开车挡器，而是快步跑到车前敬礼示意。车窗摇下后一看，开车的果然是一位陌生的先生。

小李礼貌地说："先生，请把车往右边靠一下。"对方很配合地将车停靠在路边，急匆匆地说："我有急事，有什么事快说！"

小李解释道："我们车辆管理规定是专车、专位、专人开，除非业主本人同意或有业主的授权书，否则一律不得开出"。

"我是业主的弟弟。"

"那请您用手机与业主联系一下好吗？"

"我哥出差半年了，我嫂子又去外地旅游了，家里没人，无法联系。"

"请您稍等一下。"小李马上用对讲与大堂岗进行了核实，了解到业主一家确实不在家，都出远门了。"那请您把车主家人的情况大致描述一下。"小李想用另外一种方式来验明对方的身份。

对方将业主一家的情况较详细地说了一遍，跟实际情况相吻合，甚至连业主女儿患有疾病的事都非常清楚。

"先生，为了业主的利益，麻烦出示一下您的身份证。"

对方把身份证递给小李，身份证上的名字与业主仅一字之差，而且住址也相同。小李判断对方确实与业主关系很密切，但口说无凭，为了保险起见，小李礼貌地说道："先生，您的身份证号码我要记一下，另外还要请您写一个说明，说明车是您开出去的，谢谢您的合作！"

"没问题，我也谢谢你的帮忙。"对方爽快地答应道。

事过不久，女业主专门到管理处来道谢，说因自己出门一忙，忘了交代，那位先生确实是业主的弟弟，那天有急事要开车回老家，若没有保安员的灵活处理，就耽误大事了。

案例点评

这件事表面上看来处理得非常完美，但是仔细琢磨，就可以发现当中是有管理漏洞的。

表面上看，保安员非常尽职尽责，用了好几种办法来验证对方的身份，为了业主及家人的方便，在基本情况确认无误的情况下，留下开车人的身份证号码和书面证明后，给予放行，很有灵活性，业主事后还亲自上门感谢，怎么说都是一个非常圆满的大结局。

但是，若仔细分析一下，问题则没那么简单。因为，不管保安员如何仔细地盘查，车总是开出去了，万一业主回来不认账，要追究责任，管理处怎么也说不清楚。如果业主上法庭起诉，管理处所出示的证据不一定能获得支持。虽然本案例中没有出意外，但仍要追究工作中的漏洞：

（1）由于保安人员与业主熟悉，就将公司的制度置之一边，进出不发放停车卡，虽落得清闲，但假如业主的车在外面失窃了，反赖是在小区内丢的，管理处是不能拿出证据来证明的。

（2）保安员还犯了一个概念上的错误，他在那验证盘查的只是开车人是不是业主的弟弟，而没有验证开车人有无权利开此车，因为业主事先有约，除他们夫妇外，其他人一律不得放行，这"其他人"当然也包括亲属、朋友在内。万一此人是假冒业主的弟弟行骗呢？就算开车人真的是业主的弟弟，如果他们兄弟之间有某种纠纷或瓜葛，恰借业主家中无人前来寻事捣乱呢？

所以，最稳妥的做法只有一个：咬定业主有吩咐，你要开走除非拿出业主的授权证明，或请业主亲自打电话来说明情况，否则坚决不能放行。这虽然略显死板，也可能得罪业主和他的亲属，但可以保证公司和个人利益不受损害。另外，保安人员一定要遵守公司的规章制度，而不能以人情或面熟等就无视制度的存在。

案例14：车主不在规定地方停车

💼 案例背景

黄线是禁止停车的标志线，黄线以内不可以停车，这是基本的常识。但有人却视而不见，偏偏将车停在黄线内，不但造成小区内交通混乱，也给小区的安全管理工作带来很多不应有的麻烦。

一天，保安员小邓正在道口当值，远远看见一辆奔驰车向小区驶来，停在了道口内侧的黄线上，车主下车关门转身就要离去。小邓急忙跑上前去，一个标准的立正敬礼，礼貌地说："先生，早上好！这里是黄线范围，请您把车停放到地下车库。"

车主却不屑一顾地说："我就住在这，停一会怎么了？多管闲事。"

小邓面带微笑，语气坚决但又热情地解释道："对不起，先生，这里是消防通道，严禁停放车辆及杂物，另外您的车停在这，我们也很难照顾到，为了您及全体业主的安全，希望您能配合我们的工作，谢谢您了！"

听到小邓礼貌而又坚决的话语，再看看周围确实没有一辆车违章停放，车主只好无奈地打开车门重新发动了汽车。

小邓见此，马上又是一个标准的立正敬礼，以示感谢，并目送汽车慢慢驶入地下停车场。

案例点评

服务行业有一个很严厉的规矩：永远不要对客人说"NO"（不）。要执行这一规矩，虽不是那么容易，但也是有技巧的。当我们遇见业主违反管理规定时，不要用毫无人情味的"不""不行"或"不可以"等冷漠的字眼加以拒绝或制止，而是要从关心对方、理解对方的角度出发，让对方感觉到我们是在为他的利益着想，都是为他好，这样事情就好办多了。

另外，在对方听从我们的建议、配合我们的工作后，一定不要忘了表示真诚的感谢。

案例15：发现车辆未上锁，保安员立即采取保护措施

案例背景

某日下午5点20分，1号岗当值保安员小军在小区开放式停车场巡逻时，发现一辆崭新的男装125型摩托车停在停车场，走近时发现此摩托车没有上锁，极易被偷窃。根据管理处的规定，摩托车不能停放在汽车停车场内。而且近期以来周边治安混乱，偷、抢事件屡见不鲜，给小区的安全工作增加了难度。小军四周察看，找不到车主，却发现有几名游手好闲的年轻人在摩托车旁有意逗留、闲逛，所以小军对这辆未上锁的摩托车格外警惕。小军立即用对讲机通知领班到场，让领班将摩托车推放到地下停车场内妥善保管，然后向值班主管汇报了情况。到晚上9点左右，车主来找车，保安员小军根据

车主所说的车辆特征，确认正是那辆男装125型车。接着通知领班带车主认车，车主见到车后，当场拿出100元给领班表示感谢，但领班婉言谢绝了，因此得到了客户的高度评价。

案例点评

虽说车辆未锁，丢失的责任不用物业管理人员承担，但职业道德和社会责任感不容许我们推卸责任。只有做好防范工作，从根源上杜绝事故隐患的发生，才能得到小区业主（住户）的认同。车辆管理是物业管理的难点之一，特别是开放式商业区，更要引起充分的重视。

第八章　物业小区高空坠物管理

高空坠物有两种情况：一种是建筑物上的固定物或其他设施以及建筑物上的搁置物、悬挂物发生倒塌、脱落、坠落，尤其是玻璃幕墙；一种是高空抛物。这两种情况都非常危险，物业公司因高空坠物被投诉，甚至被告上法庭的情况也屡见不鲜。

第一节　管理要点

一、建筑物及附着物坠落防范措施

《民法典》第一千二百五十四条规定：禁止从建筑物中抛掷物品。从建筑物中抛掷物品或者从建筑物上坠落的物品造成他人损害的，由侵权人依法承担侵权责任；经调查难以确定具体侵权人的，除能够证明自己不是侵权人的外，由可能加害的建筑物使用人给予补偿。可能加害的建筑物使用人补偿后，有权向侵权人追偿。

物业服务企业等建筑物管理人应当采取必要的安全保障措施防止前款规定情形的发生；未采取必要的安全保障措施的，应当依法承担未履行安全保障义务的侵权责任。

这一规定是目前解决高空坠物纠纷的主要法律依据。

在业主和物业公司签订物业服务合同时，业主一般都将小区公共部位（如外墙面）的养护、维修委托给物业公司管理，物业公司基于物业服务合同成为小区公共部位的管理人。因此，根据《民法典》的规定，物业公司是整个小区公共部位的管理人，一旦发生坠落侵权事件，物业公司必然会被卷入纠纷。

物业公司在承接项目和管理过程中需要注意规避以下风险：

1.承接项目时应考虑建筑物的新旧和外墙面的材质

在与开发商或业主委员会签订物业服务合同时，应考虑建筑物的新旧和外墙面的材质。建筑物越旧，其悬挂物或搁置物发生坠落的可能性就越大，承接一个项目时，这一风险不得不考虑。目前，建筑物的外墙面有多种材质，如金属、石材、玻璃等。不同材质的外墙面，其养护和维修的要求也存在差异。在承接项目时，需详细做好不同材质墙面的养护、维修预算。

2.就幕墙的养护、维修与开发商做出相关约定

承接一个项目时，物业公司还需要了解开发商对外墙的养护和维修施工单位有何约定。假如开发商在与施工单位签订施工合同时，未对外墙的养护、维修方面做出具体约定，物业公司可与开发商约定相关免责条款，或就外墙的养护、维修进行相关约定，以避免不必要的纠纷。

3.交接时要谨慎

在物业交接时，工作人员需认真检查，发现问题及时反馈给对方检查人员并做好记录，以便在因质量问题而发生侵权纠纷时追究第三者责任。同时避免由于工作人员的粗心大意，使新接的项目一开始就存在隐患。

4.加强外墙面维护和保养的监督力度

物业公司事前加强管理和监督不但能够防范风险，而且还可以提高整体服务质量，提高公司信誉度。因此，"防患于未然"与"亡羊补牢"相比，前者的管理理念更为可取。

例如，按照《玻璃幕墙工程技术规范》的规定，物业公司可在幕墙工程竣工验收一年后，书面通知玻璃幕墙施工单位对幕墙工程进行一次全面的检查，此后每五年要求其检查一次，并做好相关记录。

5.定期排查隐患

物业服务企业应开展建筑附着物安全隐患排查整治工作。定期组织工程技术人员对公共场地和公共设施设备、窗户及玻璃、小区户外广告牌和空调主机等户外附着物进行逐户排查，对发现的安全隐患，要立即整改并登记在册。

台风期间，告知居民住户关好门窗，搬掉阳台边的花盆，防止高空坠物。

6.购买适当的保险

为了减少不必要的纠纷，物业公司可以考虑购买适当的险种。例如，在停车场靠近幕墙的情况下，购买物业管理责任险时可考虑购买停车场附加险。根据需要，还可以与开发商或业委会商量，为管理的物业项目购买公共责任险。

二、高空抛物防范措施

高空抛物伤人，甚至造成受害者死亡的事件常有发生。高空抛物事件一旦发生，尽管法律上认定，由抛物者或抛物楼层群体负责民事赔偿，但对物业公司的管理来说，毕竟不是好事。其中，物业公司的品牌、服务质量、服务水平、尽心程度等都会受到重大影响，甚至会出现业主索赔的情况，从而导致了经营风险。因此，防止高空抛物，预防是关键。

1.加强技防措施

为了确定"高空抛物"的黑手，物业公司可相应地在区域内加强技防措施，如安装探头等，进行监测。技防措施可以抓住"真凶"，同时也能起到监督的作用。

2.尽量不给业主乱扔垃圾的机会

由于老小区的绿化带布局不合理，给一些不太自觉的业主提供了乱扔垃圾的机会。业主选择在隐蔽的地方扔垃圾，其实还是有一定的"廉耻心"的。这种情况最主要的就是，在情况比较严重的楼内进行宣传教育，让他们明白这种行为是不对的，伤及无辜的话要负法律责任。

3.装修阶段明确责任

不少业主装修时图省事，经常从楼上扔下装修垃圾。因此，物业公司和业主委员会可以在一开始就制定相关规范，明确责任，让居民在装修前就知道这种行为是要受到处罚的。

4.学校、居委会、街道办共同合作，加强社区宣传

提高业主和住户的道德素质，是预防高空抛物的关键。

（1）物业管理处要对业主和住户多做宣传，说明高空抛物的危害，提高业户的素质，主要是公共道德素质。同时，物业管理处在和业主签订"业主公约"时，要对高空抛物进行特别强调，让业主意识到问题的严重性，在小区内形成"高空抛物可耻"的氛围。

（2）加强监管和处罚力度。高空抛物不仅污染环境，还会危及他人的人身安全，管理部门发现有高空抛物的住户，应当积极搜集证据，"张榜公布"，并联合社区治安部门，采取措施予以惩罚。

5.高空抛物发生后，物业公司积极处理

高空抛物发生后，物业公司要积极处理，处理的方法如表8-1所示。

表8-1　高空抛物发生后的处理方法

序号	处理方法	具体说明
1	无事故损失的处理	（1）无事故损失的高空抛物，物业公司也不可忽视，应尽快找到肇事者，指出其行为的危害，及可能面临的治安处罚，并劝告其不要再犯 （2）对有过高空抛物行为的人，应在日常的保安巡视中，加强对其的监督 （3）如无人目击肇事者，则应及时清除坠落物，并由保安在可能出现肇事者的楼层住户中进行询问与调查；同时宣传高空抛物的危害及可能面临的治安处罚，显示物业管理对此事的关注
2	有事故损失的处理	（1）如果因高空抛物，使社区内居民财产与人身安全遭受损失，物业公司应及时配合相关部门进行取证，查找肇事者 （2）物业公司及时足额购买公共责任保险，可以规避此类风险，减少经济损失
3	认真对待居民投诉	当出现居民对高空抛物的投诉时，物业公司接待人员应及时派人到现场处理，记录相关情况，并对事情进行调查走访，按上述两类情况及时处理；同时安抚受害人的情绪，及时进行回访，并做好相应的记录

第二节　案例解析

案例01：幕墙玻璃坠落砸坏汽车，物业公司要担责

案例背景

　　某办公楼8楼的一块幕墙玻璃坠落，造成停靠在该楼西侧停车场上的两辆轿车不同程度的损坏。车主向该办公楼物业公司提出赔偿车辆损失的要求，但物业公司以幕墙玻璃爆裂不是物业公司责任为由拒绝赔偿。后来，车主向法院起诉，要求开发商和物业公司赔偿各项损失19930元。

　　法院认为，开发商已经将办公楼出售，不再是所有者，原告应撤销对开发商的起诉；物业公司和业主委员会在"物业服务合同"中约定物业公司负

责外墙面的维修、保养和管理，而物业公司并没有足够的证据证明自己不存在管理上的过错。最后经法院调解，由物业公司承担16000元的车辆损失，其他损失由车主自行承担。

案例点评

物业公司可以将不可抗力、第三者责任、受害人故意作为自己的免责理由，但是必须提供相应的证据。

案例02：玻璃从天而降，路人被砸后死亡

案例背景

20××年4月21日，朱某某与长子周某宇、次子周某如及婆母齐某某一同步行至"某综合楼"楼下时，15层范某某的房屋窗户外左侧的幕墙玻璃忽然发生脱落，垂直坠落的玻璃将14层庄某房屋外相同位置的幕墙玻璃砸碎，一同坠落的玻璃砸中了周某如的头部和朱某某的手臂。当即，朱某某和周某如被送往××市××医院抢救。次日，周某如因失血性休克，经抢救无效死亡。

朱某某将××房地产开发有限责任公司和××物业管理有限公司诉至××市××区人民法院，其认为××房地产开发有限责任公司既是"某综合楼"的所有权人，又与××物业管理有限公司同为"某综合楼"的管理人，并明确要求由"某综合楼"的管理人承担侵权责任。一审诉讼过程中，××物业管理有限公司认为高坠玻璃属于15楼业主范某某和14楼业主庄某专有部分，相关侵权责任应由范某某和庄某承担，并向××市××区人民法院申请追加范某某和庄某为被告参加诉讼。经××市××区人民法院准许后，追加范某某和庄某为被告参加诉讼。

××市××区人民法院做出判决后，××物业管理有限公司不服，向××市中级人民法院提起上诉。

二审期间，为查明致朱某某受伤、周某如死亡的玻璃的使用人和管理人是谁，××市中级人民法院主动依职权到该建筑物的设计单位××市建筑设

计研究院调查，最终确认虽然高坠玻璃位于两名业主的卧室外，但因其系不能打开的"固定扇"，用途、功能实质上替代了外墙分隔空间、荷载、挡风、隔音、隔热、保温、防火、防水等功能，故属于全体业主共有部分，应当属于××物业管理有限公司的管理范围。××物业管理有限公司20××年接手物业管理时，应当知晓建筑的安全外墙全部由玻璃构成的事实，涉案高坠玻璃在铝合金窗框外侧，用结构密封胶和铝框黏合，玻璃的荷载主要靠密封胶承受，与砖墙和混凝土外墙相比，玻璃发生脱落事件的概率相对较高。高坠玻璃所在建筑物于20××年2月竣工，至涉案侵权行为发生时（20××年4月21日）已满9年，××物业管理有限公司并未提交确实、充分证据证实其就玻璃外墙已经制定科学、有效、合理的物业管理方案，并已履行物业服务合同约定及法律规定的对业主共用部位进行严格管理、定期检查、养护维修的义务，应承担赔偿责任。

案例点评

近年来，高空抛物、坠物事件不断发生，严重危害了公共安全，侵害了人民群众的合法权益，影响了社会的和谐稳定。本案高坠玻璃致一死一伤的严重后果，在当地属于影响较大的案件。当事人起诉后，物业公司认为高坠玻璃属于两名业主专有部分，应由两名业主承担侵权责任。因玻璃的权属问题直接影响本案的责任承担主体，××市中级人民法院积极调查取证，最终确认致朱某某受伤、周某如死亡的高坠玻璃属于全体业主共有部分，从而明确了本案的责任承担主体，既及时保障了伤者、死者家属的合法权益，也依法维护了两名业主的合法权益。

案例03：安装探头来监控高空抛物行为

案例背景

某花园曾不止一次发生高空抛物殃及行人的险情，这些不文明行为引来了居民的不满。为此，该花园物业管理处想了很多方法，包括加强保安巡逻监管、张贴告示提醒居民互相监督等，但是由于不能立刻找到肇事者，所做的这些工作效果甚微，高空抛物现象屡禁不止。后来，物业管理处和业主委员会经过多次协商，想出了安装探头来监控高空抛物行为的方案，此方案获得了业委会与全体业主的一致通过，小区内新增了47个探头，其中有24个探头用于监控小区住宅楼的立面，一半负责50米以下，另一半负责50米以上；另有一些容易被忽略的边角区域也都纳入探头的视线里。安装之前，管理处就通过各种方式对楼里的居民进行了宣传，而且安装完以后还请居民去监控室参观，通过屏幕，谁家丢东西、丢的是什么，都能看得清清楚楚。自探头安装完，高空抛物现象在该小区就再也没有发生过。

案例点评

监控探头安装好后，高空抛物者自然无法遁形，在这一"威胁"下，随手抛物者自然会收敛自己的行为，所以，这是一个防范高空抛物的不错方法。

案例04：业主违规停车，被楼上坠落的玻璃砸坏

案例背景

2015年9月1日，冯某、翁某某家阳台玻璃护栏破碎坠落，造成秦某停放车辆受损，秦某维修车辆花费了5300元。秦某遂将冯某、翁某某及物业公司一同告上法庭，要求给予赔偿。

法院调查了解，冯某、翁某某购得房屋后对房屋进行了装修，但直到事发之日一直未在此处居住。而秦某停放车辆的地点位于小区的安全出口处，并非小区规定的停车位，而是小区消防通道，物业公司违反规定允许业主在该处停放车辆。

后法院经审理认为，冯某、翁某某所购房屋阳台玻璃护栏，是业主专有，不属于共有产权。冯某、翁某某作为涉案阳台玻璃护栏的所有人，有义务对玻璃护栏进行维护和管理，因阳台玻璃破损造成他人经济损失的，应当承担赔偿责任。物业公司经业主委托对小区建筑物及其附属设施进行管理，负有提醒和协助业主及时维护建筑玻璃并谨防玻璃坠落、警示和制止车主在消防通道处不当停车的义务，因其未充分尽到管理职责，对造成秦某损失的后果有一定过错，法院确定其对秦某车辆损失承担30%的赔偿责任。秦某应

当知道将车辆停放在消防通道处的危害，其对车辆损失的产生亦有过错，应自行承担20%的责任。综上，冯某、翁某某对秦某的经济损失应承担50%（2650元）的责任，物业管理公司承担30%（1590元）的责任，秦某自行承担20%（1060元）的责任。

案例点评

本案例中，小区发生的高空坠物事件，造成的实际经济损失不大，属于典型的"小案子"。但从中暴露出的阳台玻璃维护不及时、消防通道乱停车、物业服务公司管理不规范等问题，却给小区居民的生命健康和财产安全带来了重大隐患，给密集型居民小区的社群管理带来了新的困难，给现代高层建筑的社会治理带来了挑战。

对此，物业公司应做到以下三点：

（1）提醒业主及时维护阳台玻璃，谨防阳台玻璃坠落。

（2）对小区阳台玻璃进行统一排查，杜绝安全隐患。

（3）保持小区消防通道畅通，及时制止不当停车行为。

案例05：业主高空抛物屡禁不止，安装监控一举抓获

案例背景

A公寓是一座新建的独栋小高层，与B公寓仅一墙之隔。由于种种原因，B公寓的不少业主对A公寓的开发建设存在异议，这部分业主最常使用的手段，就是趁天黑的时候，利用楼层高的地理优势，向A公寓的小区内高空抛物，其抛掷的物品除了生活垃圾外，甚至还包括粪便、啤酒瓶等，已经严重危害到相邻小区居民的生命、财产安全。

11月6日，街道办事处、物业公司和派出所，共同决定对A公寓的楼宇监控系统实施升级，利用高精度的监视设备捕捉相邻建筑物的高空抛物。当日18时53分和次日19时38分，监控设备清晰捕捉到了B公寓19楼某室的高空抛物行为。

11月6日19时不到，A公寓保安室值班员小王突然听到小区地面传来的

"噼啪"声。小王知道，这肯定又是B公寓的业主从高空往下乱扔东西了。以往，小王只能老老实实地把高空抛物的时间记录下来，然后戴上头盔，找到扔下来的杂物，再通知清洁工第二天及时清扫。但这天，小王的第一反应就是拿起电话，把情况通知给楼宇监控值班人员。

在回放的监控录像中，3号探头显示出发生高空抛物时，B公寓的15至19层楼面，出现了动态异常：18时52分34秒，一名男子的身影出现在19层某室的外阳台，在之后的20多秒时间内，该男子一直在没有开灯的阳台上向楼下四处打量；18时53分0秒，该男子突然弯腰从阳台上拿起一包东西，然后向楼下的西南侧大力抛出；18时53分07秒，该男子转身返回室内，顺手拉上了窗帘……根据监控录像中的抛物线方向，值班人员在小区地面上找到了一包垃圾，所有证据都显示，19楼的男子有高空抛物的嫌疑。而就在物业部门请警方到场识别监控录像的次日傍晚，监控设备再次捕捉到了19层同一住户的高空抛物行为：7日19时38分24秒，该男子走出阳台，四下打量；19时38分38秒，该男子朝同一方位再次抛出一包物体；19时38分44秒，完成抛物后，该男子返回室内。

11月7日，派出所依法对B公寓19楼某室的王先生进行了传唤，在之后的调查中，王先生承认自己在夜间的两次高空抛物行为，最终他被警方行政拘留。

案例点评

在本案例中，监视设备的抓录镜头被警方作为关键证据予以采纳，这也意味着在治理高空抛物等不文明行为的问题上，长期处于被动地位的管理方找到了有利的办法。

案例06：业主车被砸，物业公司巧取证

案例背景

车主徐某将其小轿车停放于某大厦停车场，后发现车头盖板被高空坠物砸坏。徐某找到该大厦管理处的保安，保安说是旁边正在施工的B大厦坠落

的瓷片所砸，并带徐某查看现场：B大厦正在拆卸外墙的脚手架和防护网，不时有坠物降落，其车身上下布满灰尘，车旁有瓷片等建筑垃圾，车头盖板上有明显的锐物砸痕。随后赶来的管理处工作人员对现场进行了多角度拍照，并将瓷片包装好交给徐某。徐某修车后就修理费用与B大厦施工单位交涉未果，遂将B大厦的建筑单位某房地产公司和A大厦停车场的管理单位某物业管理公司告上法庭，要求两被告连带赔偿其修车费5000元。

庭审中，被告房地产公司辩称，原告的损失应找施工单位赔偿，作为建筑单位，其已要求施工单位做好安全防范工作。

被告物业管理公司向法庭提交了现场照片，辩称损害结果与自己无关，其在停车场管理方面没有过错。

最终法院综合事实，参考现场照片，认定原告车辆的损害应由B大厦的所有人负责。被告物业管理公司不是建筑物的所有人或管理人，无须承担责任。最后，法院判决被告房地产公司赔偿原告徐某修车费5000元。

📑 案例点评

该物业管理公司对事件的处理方式是非常恰当的。巡逻停车场的保安发现汽车被砸后，注意保护现场，并对现场及车损状况进行了拍照，把损害物和损害证据固定了下来。在法庭上，原告徐某和被告房地产公司均无法否认这些照片证据，物业管理公司从而顺利地免除了自己在停车合同之外的侵权损害赔偿责任。将砸坏汽车的碎瓷片交给车主去，既有利于车主辩明事实真相，又体现了物业管理公司对当事人的尊重。

案例07：玻璃坠落致人受伤，责任如何划分

💼 案例背景

某大厦是被告A实业公司开发的写字楼，其产权属A实业公司，该楼主要以出租的方式使用。该大厦的物业管理由A实业公司委托给了B物业公司。大厦共16层，由于该楼窗户玻璃安装存在质量问题，使用中曾数次发生玻璃坠落之事，租户普遍都有意见，但A实业公司未及时进行修缮处理。2021

年5月21日下午3时许，13层广告公司的员工秦某在关窗户时用力过猛，致玻璃破碎并坠落，玻璃碎片下落插入当时在楼下搬运货物的邓某头部，致邓某当场昏迷。邓某的同事当即将其送往医院抢救，先后用去医疗费、护理费等共计人民币18万元。事后，邓某将A实业公司、秦某及B物业公司告上法庭，要求三被告承担赔偿责任。

人民法院经审理认为：A实业公司系某大厦的所有人，该楼玻璃安装质量不佳，本身存在事故发生的隐患，且在数次发生坠落后未能及时采取措施，在B物业公司提出改进要求后仍不作为，应对邓某被砸伤负有主要责任。秦某系房屋使用人，关窗时本应该正常方式关闭，但其却用力过猛，致玻璃坠落，对邓某的损害也负有一定的责任。B物业公司作为某大厦的管理人，曾向A实业公司提出改进的要求，已尽管理义务，邓某的伤害同物业公司并无直接的、必然的因果关系，因此，物业公司不应承担法律责任。

案例点评

从本案例来看，物业公司就某大厦窗户玻璃安装存在质量问题曾向实业公司提出改进的请求，但实业公司并未答复，说明物业公司对窗户玻璃安全问题足够的重视。如果物业服务合同没有特别的约定，物业公司不应当承担赔偿责任。

对楼房坠落物致人损害的侵权行为，物业公司是否承担责任，关键看物业公司对侵权行为的发生有没有管理上的过错。只要物业管理人员对楼房业主自有部位的搁置物存在的安全隐患尽到了必要的注意告知义务，对楼房共有部位搁置物存在的安全隐患采取了必要的防范措施，那么物业公司是免责的。所以为了避免此类纠纷的发生，关键是要及时地发现楼房搁置物、悬挂物存在的安全隐患，并尽到必要的注意告知义务和采取必要的防范措施。

第三部分
Part three

设施设备篇

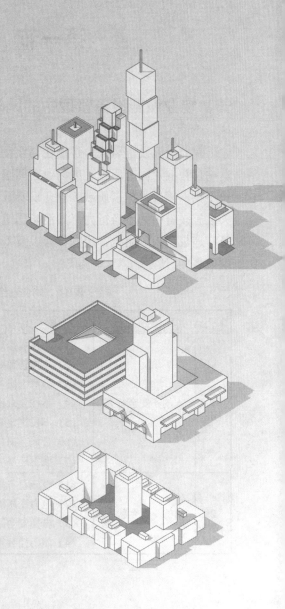

第九章 设施设备管理

在物业管理中，设施设备运行管理是重要的一环，它关系到物业使用价值的体现，是支撑物业管理活动的基础。设备运行直接影响业主的生活质量和秩序，而且还会影响物业管理企业的社会声誉。

第一节 管理要点

一、物业设施设备管理中的风险

物业设施设备风险，是指在物业设施设备管理使用过程中，由于工程项目建造中存在的"固有瑕疵"或物业管理服务中的失误，如制度建设不到位、维修质量不良、相关人员素质或应急意识不强、管理不善等；物业使用人在使用物业相关设施设备中的不当行为，如消防通道堵塞，违规装修，故意或无意毁损设施设备，违规用火、用电、用气等；以及不可预见的自然灾害等造成的风险，具体表现如表9-1所示。

表9-1 物业设施设备管理中的风险

序号	类别	具体说明
1	人的不安全行为	（1）不按操作规程进行设备检修、操作 （2）不按管理要求私自脱离岗位 （3）醉酒上岗工作 （4）不按要求设置警示标牌 （5）不按规定参加培训 （6）带病上岗 （7）业主违规装修，私拉乱接电力线路
2	物的不安全状态	（1）设施设备未设置防护装置 （2）电力变压器长时间超负荷运行 （3）电梯安全回路被任意短接 （4）照明控制箱没有上锁，且没有警示标识

续表

序号	类别	具体说明
2	物的不安全状态	（5）消防管网缺水 （6）儿童游乐设施滑道固定螺栓掉落 （7）信号阀没有在正常开启状态
3	环境不安全因素	（1）电梯机房因无通风空调设备温度过高 （2）电梯底坑、集水坑排水管与外部出水口形成倒坡，积水无法排出 （3）配电房电缆地沟长期积水 （4）操作规程不健全，与实际情况不相符 （5）室外温度夏天过高，冬季过低 （6）化粪池一氧化碳超标

二、物业设施设备管理措施

1.承接验收时一定要保证资料齐全

在办理物业承接验收手续时，物业管理公司应向建设企业收取下列资料：

（1）竣工总平面图，单体建筑、结构、设备竣工图，配套设施、地下管网工程竣工图等资料。

（2）设施设备的安装、使用和维护保养等技术资料。

（3）物业质量保修文件和物业使用说明文件。

（4）物业管理所需的其他资料。

2.重点部位设置警示标识，定期检查并消除隐患

物业管理公司应当加强物业设施设备的养护和维修，定期检查并消除隐患。还应对公共区域安全防范的重点部位设置警示标识，在可能引发人身伤亡事故的部位或场所设置统一规范、文明礼貌、用语简明且醒目的警示标识，告知注意事项及禁止行为。同时对下列部位强化防范措施：

（1）水景、亲水平台：应标明水深，照明及线路应有防漏电装置。

（2）儿童娱乐设施、健身设备：应由生产企业在醒目位置设置使用说明标牌，注明使用方法、生产企业名称，并提供质保承诺和维修电话。

（3）假山、雕塑：应标明禁止攀爬等行为。

（4）楼宇玻璃大门：应有醒目的防撞条等防护措施及警示标识。

（5）电梯：应设置有安全使用和注意事项的标识，维修养护时应设置围护措施。

（6）电表箱、消防箱：应保持箱体、插销、表具和器材完好，并设置警示标识。

（7）水箱、水池：应加盖或加门上锁。

（8）窨井、污水处理池：应保持盖板完好，维修养护时应设置围护和警示标识。

（9）垃圾堆放：应规定生活和建筑垃圾分类堆放，建筑垃圾实行袋装化。

（10）挖沟排管：应标明施工期，设置围护和警示标识。

（11）脚手架：应确保稳固、警示标识明确、行人出入口有防护、底挡笆牢靠。

3.事件和损害发生后，应积极面对

在公共和共用设施、设备的管理和养护过程中，如果发生事故和损害事件，应向有关部门报告，由相应的部门对事件进行调查，对事件和损害发生的原因进行认定；该原因就是日后各方认定过错和责任的依据，在一定程度上也可以说是唯一依据。事件和损害发生后，物业管理公司应积极面对，暂时的回避是解决不了问题的，责任也是无法摆脱的。

第二节　案例解析

案例01：超过保修期的外墙应由谁负责维修

🧳 **案例背景**

　　××业委会所在的××小区共有21栋住宅楼，外墙均采用带保温层的瓷砖贴面。该小区商品房交付后，共有19栋住宅楼外墙保温层出现了空鼓、开裂和脱落。2016年4月12日，××市房屋安全鉴定管理中心受××业委会委托，经现场勘察，出具了房屋应急维修安全鉴定意见，其认为小区外墙墙砖存在大面积空鼓现象，极易发生脱落伤人毁物的安全事故，建议立即进行

排险、维修。2016年4月29日，××市建设安全生产监督管理站下发了"关于对××小区外墙瓷砖空鼓脱落做好现场安全防护的建议"，要求尽快进行外墙的隐患排查和修复，并提示了施工注意要点。

××业委会认为小区住宅楼外墙保温层空鼓、脱落属于建设单位的施工问题，于是诉至法院，要求建设单位承担修复责任。××市××区人民法院做出一审判决：外墙空鼓、脱落、开裂问题系外墙问题，不是主体工程，其保修期为5年，对于超过保修期的楼栋外墙问题，建设单位不应承担修复责任。

××业委会提起上诉，××市中级人民法院认为，××小区房屋外墙出现空鼓、开裂和脱落，系工程质量问题，该问题不仅涉及外墙面的防渗漏，而且极易造成安全事故。故××小区房屋外墙出现空鼓、开裂和脱落，不受外墙面防渗漏5年保修期的限制，××置业公司应承担修复责任。遂判定如下：××置业有限公司于判决生效之日起六个月内完成对××市××小区19栋楼房屋外墙面空鼓、脱落、开裂的修复，修复标准应符合建筑外墙国家质量标准。修复完成后由双方共同委托的有资质的第三方机构进行验收，验收所产生的费用由××置业公司承担。

案例点评

房屋外墙的渗漏、开裂、脱落等问题较为普遍，而外墙渗漏的保修期仅有五年，超出保修期后，一般在维修基金中列支相关费用。

本案中，小区19栋房屋中，已有多栋超过外墙渗漏保修期。但根据业委会诉前、诉中两次申请作出的鉴定意见，结合小区实际情况，人民法院最终认定小区外墙的渗漏、开裂、脱落问题不仅仅是外墙渗漏问题，更是工程质量问题，且涉及公共安全，故不受五年保修期限制，建设单位仍需承担修复责任。此外，受鉴定费用所限，业委会仅对出现外墙问题的两栋房屋进行了鉴定。但人民法院根据业委会举证的"建筑设计说明"等材料，认为整个小区房屋外墙的施工工艺相同，因此，在建设单位未提供反证的情况下，小区内其他未鉴定房屋外墙出现的空鼓、开裂和脱落，亦可参照该鉴定结果。

本案突破了外墙问题仅保修五年的惯例，基于充分的证据基础以及举证责任分配原则，合理推定小区内部分房屋的鉴定结论适用于小区内使用相同施工工艺的房屋，最终取得了圆满的诉讼结果，对于同类案件的实操具有指导意义。

案例02：无法实现即时维修怎么办

💼 案例背景

初冬的一个星期一下午，××物业管理分公司维修电话响起。A座G户型的一位业主怒气冲冲地在电话里面说："你们知道吗，现在天气这么凉了，我这暖气还不热，你们管不管呀？"说完"啪"的一声就挂上了电话。

这时，维修人员都出去维修了，一时脱不开身。大约过了五六分钟的时间，维修班长巡视回来，值班人员立即将刚才的报修情况向其汇报。班长说："这个业主性子比较急，用电话解释恐怕不行，我替你一会儿，你先上楼看一下。"

值班人员来到业主家，一位中年男子一开门便大声问："你能修理吗？""先生，我是负责接待报修的，我们的维修员现在正在别的业主家处理问题，完事之后马上来您家，您现在可以告诉我具体的情况吗？"值班人员和颜悦色的回答，使业主的态度有些缓和。

征得业主同意后，值班人员戴上鞋套，查看了不热的暖气位置，马上用对讲机告诉维修人员，让其完事后直接到该住户家维修。周到的服务令业主转怒为喜，业主说："好吧，你先忙你的去吧，只要一会儿来给修就可以了。"值班人员走后一个多小时，维修人员便上门处理好了该问题。

下午快下班的时候，值班人员又给业主家打了个电话，询问暖气情况，他说："已经热了，谢谢你们。"

📋 案例点评

物业服务人员，不仅仅要有良好的处事能力和专业技能，还应当具有高度的责任感和事业心，当然细心也必不可少。一个人的能力再强，办事不细心始终会带来麻烦，作为物业服务人员，不细心就不可能打造出优质的服务。有句名言"一切看态度"，客户对物业公司的要求，大多也是这样。有些事情他们希望物业公司马上办，可由于种种客观原因物业公司又马上办不了，此时你只要有个积极的态度，向他们交代清楚情况，大部分业主都会理解的。切忌一边应承业主一边却无人跟进。

案例03：楼上漏水导致楼下受损，物业公司撬门维修是否要担责

案例背景

张先生是某住宅小区四楼的住户，因为工作关系，经常出差在外。前几天，张先生家突然漏水，使楼下王小姐家的天花板、家具、衣被受到损害。

因为水流不止，王小姐便请求物业管理处前去维修，但物业管理处暂时联系不上张先生，遂将张先生的房门撬开，入内维修。张先生认为，物业管理处未经他同意便擅自将他的房门撬开，属于私闯民宅，是犯罪行为，因此张先生要求物业管理公司赔偿损失。

案例点评

物业管理处的行为符合紧急避险的情况。所谓紧急避险，是指为了使公共利益、本人或第三人的人身或财产免遭正在发生的危险，而不得已采取的损害另一个较小的合法利益的行为。

紧急避险行为因其保护的利益大于其所造成的损害，具有正义合理性，所以被我国法律所认可。我国《民法典》明确规定，正当防卫和紧急避险为抗辩的正当理由，可以以此主张具有正当性和合法性的侵权行为不承担民事责任。

本案例中，家中漏水时，张先生出差在外，而水流不止，已经对楼下王小姐家中的财产造成了损害，所以当时的情况是非常危险的，如果不及时采取措施，肯定会对楼下住户造成更大的财产损害。

物业管理处为了他人（王小姐及其他住户）的利益免受正在发生的损害，在无法及时与业主联系的情况下将房门撬开进行维修，完全符合紧急避险的条件。

本案中，张先生长期不在家，说明漏水不是人为因素引起的，可能是水管等相关设备自然老化或其他自然因素引起的。如果是这种情况，王小姐作为紧急避险的受益人，应当给予张先生适当的补偿。物业管理处作为第三人实施紧急避险行为，如果采取的紧急避险措施没有超过相应的限度，则不应承担赔偿责任。

案例04：电梯困人4小时，物业公司被罚5万元

💼 案例背景

2021年11月17日下午2时25分，某小区A栋18楼业主姜某乘电梯回家，电梯行至4楼时，突然发生故障。被困后，由于电梯轿厢内无手机信号，姜某只能持续按轿厢内的报警装置和呼叫装置，但却无任何反应。之后，物业公司的一名保洁员向公司报告电梯有响动，物业公司随即通知保安队长唐某前去查看。唐某来到困人电梯一层门口，随便检查了一下，认为电梯处于正常工作状态，未进一步核实，便离开。直至下午6时20分，姜某妻子下班回家，发现丈夫被困电梯内，于是立即通知物业公司，被困4个多小时的姜某才被解救出来。

市质量技术监督局知悉相关情况后，经调查发现，困人电梯系A电梯有限公司制造的合格产品，由B电梯有限公司安装，于2020年4月经省特种设备检验所验收检验合格，并于当年5月18日办理了使用登记手续。B电梯有限公司承担安装后第1年内的维护保养工作。电梯安装后，由C物业管理公司负责管理。该电梯轿厢内的通话装置，在安装验收检验合格半个月后，被B电梯有限公司拆除。

质监部门对擅自将电梯通话装置拆除的B电梯有限公司处罚10万元；因未制订事故应急专项预案，未对电梯异常情况进行全面检查，事故发生后未按规定向相关部门报告，对C物业公司处罚5万元。

📑 案例点评

物业公司应落实安全主体责任，建立健全特种设备安全责任制和各项安全规章制度，制订特种设备事故专项应急预案，定期进行应急演练并落实到位。同时要与通信单位协调联系，使手机信号覆盖电梯轿厢内，确保通信正常。

案例05：公用水管堵塞，水浸业主新房，物业公司要赔偿

💼 案例背景

某日早上，张先生回到某小区新装修的房子，惊奇地发现屋子里溢满了发臭的积水，屋内的实木地板、柜子、卫生间、厨房、客厅和柜子、门套及

墙面，早已被水浸泡变形。家里的水管好好的，这些日子也没有下雨，为何浸水让他疑惑不解。

随后，他叫来了物业公司的工作人员，经查发现，楼上住户装修使大量的建筑垃圾堵塞公用雨水管，导致楼上的下水不能排出，倒灌进张先生家中。经鉴定，张先生家损失共计3.9万元。张先生认为物业公司没有及时疏通管道，应赔偿其损失。物业公司认为，管道堵塞是楼上住户引起的，造成的损失也应由楼上住户承担。法院一审判决物业公司赔偿受损业主3.9万元的损失，理由是物业公司未尽到及时检查维护公用雨水管的义务。

案例点评

张先生与物业公司签订的"物业管理服务协议"约定，物业有义务对公共设施进行检查维修，而雨水管就是物业公司的维护管理范围。张先生交纳了物业费，就应获得相应质量的服务。张先生的损失主要是公用雨水管堵塞所致，这说明物业公司违反了物业协议的约定。当然，雨水管堵塞的原因涉及其他侵害人的侵害行为，物业公司在赔偿后，可另案起诉追偿损失。

案例06：电梯意外受损，管理处及时查证

案例背景

某年3月16日，某花园F座的消防电梯一到底层，就发出异常声响。大堂保安员及时将其关闭，并通知了负责维修保养任务的电梯工程公司。

电梯维修人员立即赶到现场，检查后发现，位于一层的地坑中有根1米多长的镀锌铁管，铁管在电梯工作过程中频繁蹿动，导致12个感应器全部损坏。

于是，管理处围绕铁管展开了一系列的调查工作。他们首先排除了人为破坏的可能，多方分析后认定，铁管是有人搬运时，用其来支撑电梯门，而不小心滑落到地坑中的。然后分别找来值班的3名大堂保安员，让他们仔细回忆近日电梯运行有无异常声响。其中一名保安员反映，3月14日下午3时5楼某业主家搬运装修垃圾时，曾听到碰砸的声音，当时他还到电梯轿厢内查看，没发现什么情况。由此断定，铁管十有八九是这家搬运装修垃圾时掉下的。

管理处找到该业主，介绍了电梯受损情况及原因。业主说装修已经结束，责任人无从找起。管理处当即明确表示，如果业主不能找来装修负责

人，那么该业主必须负连带责任。业主见推托不过去，只好把装修负责人领到管理处。装修负责人见到铁管无话可说，按电梯受损配件的市场价格，赔偿了15000多元。管理处因此避免了经济损失。

案例点评

公共设施设备的维护与管理不只是维修部门或电梯保养公司的事。在本案例中，保安员就做得很好，发现异常情况，能及时处理。同时，又对一些细节比较敏感，所以遇到问题就容易追根溯源。当然，针对危及电梯安全的重大隐患——用铁管支撑电梯门，物业公司应该想一个既方便用户又确保安全的两全之策。

案例07：业主自费，物业公司就可以不提供维修服务吗

案例背景

某小区一业主因夜间使用家用电器不当，使自家的保险丝烧断。该业主向物业公司报修，物业公司的维修人员感觉维修地点较远，且收费不高，所以答复业主："你反正一样要花钱，就近找个人维修算了，再说自用部位的维修应由业主自己负责。"

案例点评

本案例中，保险丝烧断虽是家用电器使用不当引起，但因室内线路故障引起的停电事件，属于规定的物业急修项目。物业公司在接到业主报修后，应该在2小时内到达现场进行处理，并在24小时内修复。物业公司的维修人员不能因为业主自己付费就拒绝去维修。

案例08：因室内水管倒灌而产生的维修费用由谁承担

案例背景

某公房二楼业主的室内经常发生水管倒灌的现象，于是该业主向物业公

司报修。修好后，物业公司在收取维修费用时，该业主以水管设计不当为由而拒绝支付。

案例点评

本案例中，维修费用由谁承担，应对水管倒灌原因进行分析后确定。如果确属该业主使用不当造成的，则由其承担维修费用。如果该事故系由相邻业主（使用人）使用不当造成的，在能查清责任人的情况下，费用由责任人承担；在未能查清责任人的情况下，费用由共同使用水管的业主（使用人）分摊。如果倒灌是水管设计不当或老化等原因引起的，物业公司应对其进行技术处理，所发生的费用从维修基金中列支。

案例09：小区内的石桌砸伤人，由谁来负责

案例背景

罗女士住在某一高档小区，某年6月15日下午，罗女士7岁的女儿在小区内的石桌旁玩耍。当她爬上石桌时，桌面突然脱落，将小孩的右手夹在石桌面和石凳之间，造成食指、中指关节骨折。事后，罗女士找到某物业公司，认为其应就管理不善承担责任。而物业公司则认为这完全是罗女士监护不当造成的，与物业公司的管理没有关系。为此，罗女士向法院提起诉讼。法院审理查明，某物业公司安装在小区内的4套石桌，桌面重达90公斤，石桌面和石桌柱之间仅靠桌面中心一个直径13厘米、深1厘米的凹槽连接，安装时只用了树脂和水泥黏合。罗女士女儿被砸伤后，物业公司发现其余三个石桌面也已松动，并主动予以拆除。此外，该物业公司无法提供石桌的合格证、设计标准等有效证明。由此判定物业公司负责主要赔偿责任。

案例点评

小区管理是对小区内的房屋建筑及设备、市政公用设施、绿化、卫生、交通、治安和环境容貌等项目进行维护、修缮和整治。《民法典》也有规定，建筑物或者其他设施以及建筑物上的搁置物、悬挂物发生倒塌、脱落、坠落造成他人

损害的，它的所有人或者管理人应当承担民事责任，但能够证明自己没有过错的除外。从这一案例中，物业公司应吸取教训。

案例10：谁应承担该起坠楼事件的责任

📁 案例背景

某年8月，某小区业主唐女士的幼儿在上楼时，因玩耍导致身体重心失控，倾倒后撞到楼梯口未安装栅栏的落地窗上，在撞碎了其中一块原来就有裂痕的仅3毫米厚的玻璃后，坠楼受伤。唐某事后向物业公司索赔。

📑 案例点评

物业管理服务应当保障物业的安全，当发现住宅共用部位、共用设备或者公共设施损坏时，应立即采取保护措施，并按照物业管理服务合同的约定进行维修。因此，本案中的开发商及物业公司对幼儿的坠楼负有一定的责任。同时，幼儿的监护人未尽到监护的职责，也应对坠楼事件负有一定的责任。

案例11：电梯延误，老人猝死，家属告物业和急救中心

📁 案例背景

3月15日凌晨1时30分至35分，李女士呼吸困难，其家属立即联系急救中心，并下楼联系物业公司开电梯，但被告知拿钥匙的人不在。此后，救护车赶到，家属再次联系物业公司，其答复电梯班长已回家，大家只好等。在这期间，死者家属曾要求急救人员步行上楼，但被拒绝。待医务人员乘电梯上楼后，李女士已死亡。事后，李女士的家属认为物业公司及急救人员存在过错，致使家人错过抢救时间而死亡，因此将急救中心和物业公司一并告上法庭。

📑 案例点评

本案例中，尽管没有证据能证明物业公司延误电梯时间是造成李某死亡的直

接原因，但是物业公司电梯值班员未在岗，造成救护人员不能及时乘电梯上楼，说明物业公司在管理中确实存在瑕疵。对于高层建筑来说，电梯的维护与管理尤其重要，不应该出现脱岗的情况。

案例12：业主损坏公共设施，如何赔偿

💼 案例背景

一天晚上七时许，某小区业主陈先生的4岁小孩发高烧，夫妇二人心急如焚，急忙开车去医院。当车行至车库出口时，值班保安员示意停车，但陈先生毫不理睬，而是加大油门撞开道闸栏杆飞驰而去，道闸栏杆被撞变形，无法正常使用。值班保安马上向分队长报告，并请上级协助解决。管理处经理到场后，根据保安的汇报和现场分析，并调取业主和车辆登记资料核对，排除了偷盗车的可能性，其判断业主肯定有急事，决定等业主回来后再解决，并提出以下处理意见：第一，以理服人；第二，按价赔偿；第三，理解业主。

两小时后，业主一家三口回到小区，经理首先对小孩的病情表示关注和慰问，看到小孩并无大碍，大人焦急的心情也平静下来，便就撞坏道闸栏杆一事征询业主的意见。谁知未等经理把话说完，陈先生就打断说："车场保安员动作太慢，我急着去医院，撞坏栏杆不是我的责任。"经理耐心解释："小孩有了急病，您的心情我们非常理解。但事先您并没打来电话说明原因，不认识您的还以为您的车被盗了。按'业主公约'规定，损坏公物要赔偿，您看是您自己处理，还是管理处帮您处理由您付款？"

陈先生一声不吭地走了，经理没有追上去硬让业主当场表态，也没有立即跟着陈先生上楼，而是采取了以下三个措施：

第一，谁当班谁负责。当班保安分队长第二天上午去业主家登门拜访，把事情的责任耐心解释给业主听。

第二，跟踪处理，不拖延时间。看到当班队长亲自上门，业主，尤其是女业主心里很过意不去，再三表示歉意，但对赔偿一事只字未提。待到当班队长第二次上门，业主终于不好意思地说："这样吧，我们对这一行不熟悉，你们帮忙修理好，多少钱由我们支付。"

第三，维修方案交业主审核。经理立即通知维修班拿出维修方案，并将

方案交与业主审核，说明只收成本费，免收人工费。业主看后表示同意，并对管理处对小区财产认真负责的精神感到敬佩。

案例点评

从这一案例中，我们可以得到以下启示：

其一，不要急于求成。业主心里有火，静不下来时，不要急着让业主表态，应通过细致的解释工作，让业主意识到自己的不对之处，最好让业主自己提出处理意见。

其二，不要与业主对抗。处理任何事情，都要心平气和地摆事实、讲道理。不能因为错误在业主，就粗暴对待业主。如果以服务者的身份与业主沟通，事情就会向好的方向发展。

其三，不要陷于纠缠。事情发生后，跟业主讲清楚就行，不要没完没了地纠缠不清，引起业主反感。处理问题要把握好分寸，不能因小失大。只要业主认识到自己的错误，愿意赔偿，事情就算圆满解决。

案例13：维修不及时所造成的损害，谁承担责任

案例背景

某小区第38栋楼的公用水箱出现渗透现象，该栋楼的业主向物业管理公司反映了情况，要求其及时予以修缮，但物业管理公司一直未采取措施。有一天，住在该栋楼的业主赵小姐回家经过楼前通道时，因地面积水而不慎摔倒，导致右腿骨折，被送往医院治疗。赵小姐要求物业公司赔偿其医药费、营养费及误工补贴等相关费用未果，把物业管理公司告上法院。法院判决：物业公司应当承担责任。

案例点评

本案例中，小区物业管理公司对公用水箱的渗漏未及时维修，致使赵小姐因地面积水滑倒住院，应由物业管理公司对赵小姐的损失进行赔偿。

物业公司要想避免因维修不及时导致的赔偿责任，就必须对职责范围内有问

题的设施设备及时维修，并建立维修责任人制度，对没有尽职尽责的相关责任人予以处罚。

案例14：小孩被电伤，物业公司要担责

💼 案例背景

十岁男孩罗某在家里玩耍时发现阳台旁边的树上有小鸟，于是，就用身边的铁条去打小鸟，结果被挂在树上折断的高压电线电伤。罗某的父母向法院提起诉讼，要求物业管理公司和电力公司共同承担赔偿责任。法院查明，在距离罗某家阳台大约5米处，有10千伏的高压线，事发前一天晚上有7级大风，将高压线刮断，导致损害事故发生。遂判决如下：电力公司负80%的责任，物业公司负20%的责任。

▐▋ 案例点评

《物业管理条例》第五十一条第一款规定，供水、供电、供气、供热、通信、有线电视等单位，应当依法承担物业管理区域内相关管线和设施设备维修、养护的责任。另外，物业公司负有物业小区安全保障的义务，应对小区内存在的隐患进行排查并尽到合理的注意告知义务。但本案例中，物业公司却没有尽到注意告知义务，所以，应当承担一定的责任。物业公司要想规避此类风险，就应对供水、供电、供气、供热、通信、有线电视等单位的相关管线和设施设备在物业小区内存在的安全隐患尽到必要的注意告知义务，并设置必要的安全警示标志。

案例15：业主撞碎玻璃门受伤，物业公司要担责

💼 案例背景

段先生租住在某小区的一套公寓内。某日上午，段先生和妻子一起将洗好的衣服晾晒到顶楼的天台上，当时上楼的通道畅通无阻，没发现有什么阻挡。下午黄昏时分，段先生上楼收取衣服，走上天台时一头撞在玻璃上，脸部鲜血也随着流了出来。段先生被妻子连忙送到了医院，经过认真清理，他

脸上大伤口有3个，被缝了近30针，其他小伤医生实在无法下针，只好作了消毒处理。经过检查，原来通往天台的顶楼上有一道玻璃门，门较大，上面也没有任何标志，晚上不知被谁关上了，段先生没发现就一头撞了上去。

第二天，受伤的段先生就去找物业管理公司交涉，但物业公司认为此门为消防逃生通道且有铝合金边框，而且天台为公用部位，段先生擅自占用公用部位还把门撞坏，应当赔偿。段先生一怒之下将物业公司告到了法院。法院判决：小区物业承担30%的责任。

案例点评

天台晾晒衣服显然不妥，且段先生为成年人，应当注意自己的活动范围，并对损害后果负主要过错责任；但物业公司负有管理小区的安全保障义务，应及时发现物业管理小区内的安全隐患并作出相应的警示，而逃生通道的玻璃门，物业公司没有对其作警示标志，因此应承担一定的责任。

案例16：物业公司尽到了注意告知义务，无责任

案例背景

某年8月，由于办公楼三楼漏水，使得通往电梯的台阶结冰，赵小姐上班经过时不慎滑倒，导致右手骨折。事发后，赵小姐曾多次找到管理写字楼的物业公司要求赔偿。而物业公司认为，根据租赁合同，赵小姐所在公司租赁的办公楼仅有载货电梯而无客用电梯，因此，赵小姐上下班应走人行通道，而不应该乘载货电梯；而且，事发当天物业公司管理人员也曾劝说赵小姐走人行楼梯，但赵小姐不听。所以，赵小姐跌伤是其本人不听劝阻所致，应自己承担后果，故物业管理公司不作赔偿。于是，赵小姐起诉到法院，但法院判决，物业公司无责任。

案例点评

要防范类似风险，物业公司一定要尽到告知义务。在本案例中，物业公司所制定的物业管理合同或相关管理规定已载明电梯的使用性质，再加上当天管理人

员也已明确告诉赵小姐不能搭乘载货电梯，故物业管理人员已尽到了注意告知义务，因此，赵小姐摔伤，责任全在赵小姐。

案例17：污水管道返水，物业公司迅速处理

💼 案例背景

某年8月5日，某小区15栋楼302室业主给管理处打来了电话，说厨房和洗手间的地漏返水，污水已淹没大厅的部分木地板，要求立刻处理。

五分钟后，维修工带着工具赶到现场，但这时污水已经退去。随后，清洁工也闻讯赶来，并按照业主的要求迅速将厨房内的物品搬出进行清洁。然后，主管及时安排有关职员尽快更换木地板和橱柜，同时协调责任方与业主就赔偿问题达成共识。业主对物业公司的处理表示满意。

为了把问题彻底解决，管理处决定一定要查明原因，于是，便对此问题进行认真的检查和分析，最后认定是该楼刚刚入伙，污水管的管道内残留建筑垃圾，平时排水量少时污水可以排出去，但在用水高峰期时则排水不畅，导致返水。

发现问题后，他们马上协调和督促有关方面对小区的所有排污管道进行了一次全面检查，对排污不畅的管道进行了疏通，从管道中清除了不少建筑垃圾，进而彻底消除了管道返水的隐患。

📑 案例点评

出了类似的问题，要迅速处理，该管理处的员工可谓训练有素，相关部门的人员能迅速到位，问题得以快速解决。同时，管理处并不止于某一问题，而是由点及面，找出问题的根源，从而把隐患彻底消除，这也有利于将来工作的开展。

案例18：落水管堵塞致业主家中受损，物业公司要担责

💼 案例背景

李某是某住宅小区501室的业主，一天凌晨，他发现雨水滴滴答答从楼

上渗漏到了他的家中，床垫、竹席、毛巾毯、被子、电风扇等物品都不同程度地被水浸湿，刚装修好的房间也遭到一定程度的损坏。李某沿着渗漏一路查上去，最终发现楼顶的排水管道被一只饮料瓶堵住，致使雨水不能从管道排出，沿着屋面缝隙流入了他家。李某找到物业管理公司要求赔偿，但物业管理公司认为是自然原因造成了这起事件。于是，李某向法院起诉，要求追究物业管理公司的责任。

案例点评

楼顶排水管道是房屋的共用部位，物业管理公司应对管理区域内的共用部位、共用设备实施定期养护，以保持其良好的状态。但物业管理公司疏于管理，使楼顶落水管被异物堵塞，造成暴雨时排水不畅，给原告家庭带来了损失，对此，物业管理公司应当承担赔偿责任。

案例19：供暖设备漏检造成的损害谁赔偿

案例背景

A花园的陈某与刘某是同一单元的邻居，一个住6楼，一个住5楼。某日上午9时许，物业公司开始给这个单元加压供热。陈某发现自己家的暖气栓（系分户供暖）未开，就找到物业人员将他家的供热栓打开。下午3时许，住在楼下的刘某发现楼上往下淌水，就赶紧上楼找陈某，但发现其家中无人，于是找到物业公司将总阀门关闭。但这时，刘某新装修房屋的地板、门框、家具、屋顶及衣物等已受到不同程度的损害。经查，是陈某家的暖气接头处松动漏水而淹了楼下。由于责任纠缠不清，刘某将物业公司及陈某告上法庭。最终法院判定由物业公司承担全部责任。

案例点评

本案例中，物业公司在加压供水前，未对陈某家室内暖气设备进行认真检修，属于漏检，从而造成陈某家的暖气设施在加压供暖时漏水，给刘某家的财产造成了损害，故判决物业公司承担全部责任。

案例20：困扰多日的噪声消失，业主很满意

💼 案例背景

一日凌晨四点，某山庄维修员工在睡梦中被急促的敲门声叫醒，原来是19栋201室的业主投诉地下室水泵发出的低频噪声和水锤的撞击声，使他们无法入睡。

维修班长马上到业主家中及水泵房进行实地检查，发现投诉属实，当即采取临时补救措施：停小泵，用大泵，先消除水锤的撞击声，让业主当晚有一个较好的睡眠环境，第二天再想办法给予彻底解决。

第二天一早，管理处便给开发商发出工作函，并与公司相关部门联系，请求协助。经过专家分析讨论，并结合以往的经验，决定采取以下措施：第一，将稳压泵的止回阀改为消音式；第二，在所有卡管和管道与墙体连接处做隔音处理；第三，在水泵房做隔音层。

整改方案完成后，经再三测试，水锤撞击声基本消除，低频噪声虽然降低了很多，但仍然不够理想。为了彻底解决这一问题，公司工程技术人员经过几天的仔细研究，认为再给水泵做一层隔音效果会更好。于是维修部门自己动手，做了一个大木箱，将稳压泵罩住，结果水泵的噪声降到了最低的限度。

困扰了多日的噪声消失了，业主露出了满意的微笑。

📒 案例点评

在本案例中，真正体现了物业公司"业主至上、服务第一"的工作宗旨和"严格苛求、自觉奉献"的工作精神。

案例21：施工标志不明显，物业公司担责任

💼 案例背景

某年3月21日，某物业公司因排水管道维修在小区通道上挖了一条深沟，但未按规定设置明显警示和防护措施，当晚7时30分左右，16岁中学生

王某骑自行车摔至沟中，造成两门牙脱落，构成9级伤残，王某诉至法院，要求物业公司赔偿医疗费等损失。

案例点评

《民法典》第一千二百五十八条第一款规定，在公共场所或者道路上挖掘、修缮、安装地下设施等造成他人损害，施工人不能证明已经设置明显标志和采取安全措施的，应当承担侵权责任。本案例中，物业公司作为排水管道维修人，在小区通行的道路上挖坑，没有设置明显的标志或采取防护措施，造成王某摔伤，因此应对王某受到的损害承担赔偿责任。

第十章 停水停电管理

水电对于业主的工作和生活非常重要，一旦因为设备故障，或市政管网维修与改造导致停水停电，物业公司若处理不好，就会有投诉发生。同时，有些物业公司对一些拒绝交费的业主或违规装修的业主采取断水断电的方法，也会导致被起诉。

第一节 管理要点

一、停水要及时通知并处理

停水分三种情况：市网计划停水、区内计划停水、突发性停水。物业公司应针对不同的情况制定相应的处理措施，在这些措施中，其中重要的一条是要通知住户。表10-1是某物业公司针对停水制定的处理措施。

表10-1 停水的处理措施

序号	停水类别	处理措施
1	市网计划停水	（1）事务员接到市网计划停水通知后，应在1小时内通知物业各部门主管，并提前以书面形式通知小区内受影响的住户（主要为裙楼部分的直供水用户）；维修主管根据停水时间落实小区用水的应急措施 （2）当班的机电值班员应根据交接班记录的停水通知，提前检查和保证水池和水箱的储水量 （3）事务员应将停电停水情况记录在"停电停水记录"中
2	区内计划停水	（1）如因设备维护等原因需要区内全部或部分停水时，维修主管应采取相应技术措施减少影响范围并避开用水高峰时段 （2）维修主管详细填写"停电停水申请表"一式两份，经物业经理审批后，交一份给事务员 （3）事务员接到经审批的"停电停水申请表"后，应在1小时内通知物业各部门主管，并以书面形式通知小区内受影响住户 （4）当班的机电值班员应根据交接班记录的停水通知，提前检查和保证水池及水箱的储水量 （5）事务员应将停电停水情况记录在"停电停水记录"中

续表

序号	停水类别	处理措施
3	突发性停水	（1）机电值班员应在第一时间赶到现场了解情况，若是设备设施故障引起的，应及时进行检查和维修；不能单独处理的，应通知维修主管，由其组织维修员进行抢修 （2）遇到突发性停水，事务员在了解情况后24小时内向受影响的住户作出书面解释 （3）事务员应将停电停水情况记录在"停电停水记录"中

二、停电要及时通知并处理

停电分三种情况：市网计划停电、区内计划停电、突发性停电。物业公司应针对不同的情况制定相应的处理措施，在这些措施中，重要的一条是要通知住户。表10-2是某物业公司针对停电制定的处理措施。

表10-2　停电的处理措施

序号	停电类别	处理措施
1	市网计划停电	（1）事务员接到市网计划停电后，应在1小时内通知物业各部门主管，并以书面形式提前通知小区内住户 （2）维修主管在市网计划停电前，组织维修人员做好以下准备： ① 通知当班消控室监控人员，告知网电与自备发电的切换时间 ② 组织维修员和机电值班员在计划停电前5分钟启动自备电，并将低配室互投柜选择开关置于"手动"档，其余电柜置于"自动"档 （3）市网恢复供电后，进线柜及楼层供电柜自动运行，机电值班员应及时对互投柜进行手动切换，并在切换前5分钟通知消控室监控人员，得到回复后再进行操作 （4）消控室监控人员在网电与自备发电切换前5分钟，利用有线通信设备与电梯轿厢内乘客联系并告知相应情况，然后将电梯迫降至底层（只有消防梯有此功能，客梯由人工现场控制），以免因瞬时断电引起轿厢内乘客恐慌
2	区内计划停电	（1）如因设备维护等原因需要区内全部或部分停电时，维修主管应详细填写"停电停水申请表"一式两份，经物业部经理审批后，交一份给事务员 （2）事务员接到经审批的"停电停水申请表"后，应及时通知物业各部门，并以书面形式通知小区内受影响的住户

续表

序号	停电类别	处理措施
2	区内计划停电	（3）维修主管应在区内计划停电前组织做好相应准备工作，并严格按照相关安全操作制度执行。如涉及电梯及消防设备停电，应提前15分钟通知消控室监控人员 （4）消控室监控人员接到机电值班员的停送电时间通知后，提前5分钟按市网停电工作程序执行电梯迫降操作
3	突发性停电	（1）遇到突发性停电，不论时间长短，事务员都应在了解情况后24小时内向住户做出书面解释 （2）机电值班员应在第一时间赶到现场，如为市网原因停电，应及时向供电部门了解情况，并通知相关岗位检查备用电源自动启动情况；如为区内设备设施故障引起停电，应及时进行检查和维修，不能单独处理的，应及时通知维修主管，由其报城区供电公司抢修班抢修 （3）如突发性停电影响电梯使用，消控室监控人员应及时利用有线通信设备与电梯轿厢内乘客联系，告知相应情况。如自备电源未能在3分钟内供电，应通知机电值班员进行紧急救援

第二节　案例解析

案例01：市政水压低，业主屡屡投诉

📁 案例背景

　　某花园一至三层采用一次供水，其他部分实行二次供水。由于市政供水的水压偏低，导致三层以下用户的热水器经常无法使用，停水断流现象也频频发生。管理处多次向供水企业口头和书面反映，但反响都不大，供水情况一直没有得到改善。弄得业主经常就此问题进行投诉，有的还出言不逊。管理处对投诉的业主好话说了几箩筐，暂时平复了不满情绪，但是问题并没有得到解决，业主还是三天两头投诉。尽管多数业主也了解问题不在物业公司身上，但他们普遍认定家里没水就该由管理处负责。为了摆脱这种被动的局面，管理处绞尽脑汁，有针对性地采取了以下几项措施：

　　（1）管理处主任出面找政府部门反映情况，借助行政力量促进供水问题

的解决。

（2）未彻底解决前动员大家错开用水高峰期，以缓解供水压力。

（3）一旦发生停水，安排保安员为上了年纪或行动不便的业主送水上门。

同时以公告形式，将事情的进展情况公布于众。业主看到管理处确实是尽心尽力，也就不再恶语相加。尽管供水不正常的状况还是持续了较长一段时间，但绝大多数业主都能对管理处给予理解。后来通过不懈努力，小区供水状况逐步得到了改善。

📖 案例点评

服务产品的特定属性，使得人们很难将物业管理的职责界定得十分清晰。对一个负责任的物业公司来说，发生在小区内的事情，没有该不该管的说法，只有怎样去管的区别。所以，即使遇到那些明显只与我们"沾边"的问题，也要尽自己所能，极力去促成问题的解决，而不应当躲、推、拖。当然"做"很重要，"说"也同样重要，物业公司不仅要扎扎实实地为业主排忧解难，同时还要通过公告、现场沟通等方式让业主了解物业公司所做的努力及遇到的难处。

案例02：物业公司能擅自停业主的水电吗

💼 案例背景

某花园管理处以王先生家装修时加宽了进户门为由，先停了王先生家的电，之后又停了他家的水。无奈，受不了"焦渴""黑暗"的痛苦，王先生只好把管理处告到了法院。那么，该管理处能否以住户装修违反规定或不交管理费为由，对住户停水、停电呢？

📖 案例点评

业主装修违反规定或拒交物业管理费固然不对，但物业公司不应以停水、停电等极端做法来"惩罚"业主。物业公司应当利用相关的法律、法规来维护自己的权利，这样才有利于日后其他各项工作的管理。

一般情况下，物业公司是没有权利对住户停水、停电的。

首先，水、电的产权不属于物业公司，物业公司只享有管理权，只有水、电的主管部门有权停供，物业公司无权停水、停电；而且，业主或业主委员会可以追究物业公司停水、停电造成的损失；同样，物业公司也可以追究业主在收费合理的情况下不交管理费或违反有关合同的违约责任。

如果物业公司已和供水、供电部门达成协议，签订了合同，供水、供电部门授权物业公司可以在必要的情况下停水、停电，则物业公司就可以在合同允许的范围内，行使这项权利。但不管怎么样，物业公司停水、停电的做法都是不可取的，这样容易使物业公司陷入被动。业主违反规定，或者欠交管理费的时候，物业公司应以劝解与教育为主，不得已的情况下，可向人民法院提起诉讼，树立一个反面榜样，让其他业主引以为戒，不要效仿。这样做，可以为物业公司树立良好的形象。

案例03：因操作不当，小区停水长达20小时

💼 案例背景

某年3月9日，鸣翠谷小区给水施工方因施工需关闭一期别墅区的供水，管理处服务中心及时向相关业主发布了下午1:30～5:30的停水通知。但施工方到下午6:30才完成施工，通水不到10分钟，新安装的堵头三通管即被水压冲破，只得再次停水维修。晚上11:30再次通水，半小时后堵头三通管又被高水压冲破，只得关闭小区总给水开关，造成小区一夜停水。经抢修，10日上午9:30才正常通水。施工方因操作失误造成小区用户停水达20个小时，给小区业主生活带来了极大不便，业主纷纷投诉至管理处。事后，房地产公司对该事件作了严肃处理：

（1）对施工方处以罚金1万元，并提出严重警告，若施工方不改正工作作风和施工质量，房地产公司将终止与其合作。

（2）给予管理处负责人及工程部负责人扣除当月奖金的处罚。

📖 案例点评

从这次事件中，物业管理处应深刻吸取教训，在日常管理和服务过程中，物业公司要始终将业主的利益放在首位，以前瞻性的工作方法考虑问题。即使是几个小时的施工停水，也不应在白天进行，本案例中，如果在夜里施工，效果肯定

会好许多。同时，物业公司要注重自身业务素质的提升，要善于将学到的知识用到实践中去。

案例04：设备标识不清，保安员误停店主的电

案例背景

某年8月14日晚9:10左右，商业广场2栋2108室手机店李老板致电工程部领班，说店里停电了。工程部领班接到电话，马上到一楼商铺检查，发现其他商店都有电，就2108室没电。原来是开关关了，合上开关后，用电恢复正常。这是否是人为造成的呢，工程部领班询问保安员，得知开关是保安员关掉的。此开关设在2栋的灯带总开关旁，由于2108室增容，未在开关上加明显的标记，结果保安员误当路灯开关关掉了。

案例点评

此事件的责任完全在工程部，由于其没有在此开关旁加上标记，也未将情况告诉保安部，才导致了这次停电事故。小区的设施设备众多，如果不加标识，难免出现错误，严重者甚至会引发大灾。因此，加强设施设备的标识管理，必须引起我们足够的重视。

案例05：停电通知不到位被投诉

案例背景

某日早上，工程部检查发现，商业广场2栋商铺总开关柜由于负载过大，开关已发热，在开关柜外都能感觉到热量，这种情况必须进行停电整改，将开关柜钻孔散热。工程部马上与服务中心取得联系，客服专员立即打印停电通知，停电时间定为一个小时。打印好的停电通知由保安员派发到各商铺。半个小时后，工程部断电整改，可2楼西餐厅却因未获停电通知，未做任何准备，经营受影响而进行了投诉。后经调查了解，原来是保安员将通知发给了一楼所有商铺，但是二楼的沐足、西餐厅未发放。

案例点评

物业管理工作容不得半点马虎，任何一点疏漏都可能给我们的工作带来被动。同时，管理处各岗位之间的沟通与提醒也尤为重要，只有这样才能服务好我们的业主。

案例06：业主装修超时，能停电阻止吗

案例背景

某日晚8点，某住宅小区56栋603室的业主仍在督促装修工人装修，电动器械的噪声严重影响了其他业主的休息，遂引发了投诉。值班工程技术员上楼劝阻未果，一怒之下将该房间的电停掉，最后业主跑到管理处大吵大闹。

管理处工程主管了解情况后，首先向业主道歉，并马上让工程技术员将电闸合上，接下来向业主说道："工程技术人员进行装修巡查也是为了业主的安全，避免安全隐患。晚上8点，已超过了装修规定的时间，其他业主也需要休息，如果您要休息了，您的邻居还在装修，您也不会舒服，我们将心比心，还是到明天再装修吧。"业主一听，是自己违规了，管理人员说得合情合理，所以，就停止了施工。

案例点评

在此案例中，尽管工程技术人员是非常负责的，但缺乏耐心，沟通方法欠妥。其实，遇到这类事情，在停电之前应按程序向管理处相关领导汇报，得到许可后才能采取停电措施，绝不能私自停电，并且在停电前应通知业主。

案例07：门店未办营业执照，物业能停水停电吗

案例背景

"开家水果店，需要小区管理处同意吗？他们不同意就可以停水停电？"在某小区开店的商户黎女士打电话给记者。

据黎女士介绍，今年3月初，她在小区A25栋的一楼开了一家"晶晶水果店"。不久，小区管理处的一位负责人来到店里对她说，未经管理处的同意，不准开水果店，要求她立刻停业。由于黎女士坚持不搬走，不久管理处就将水果店的水和电全停了，至今已超过一星期。管理处停水停电的原因是黎女士的水果店尚未办理营业执照。管理处称，只要黎女士办证，就可以经营。如果一日不办证，管理处就要管。

案例点评

个体工商户在小区能否开店，关键看其是否办理了执照，属不属于合法经营，这是工商部门的职责。小区管理处属于物管部门，对小区工商户的具体经营活动，无权干涉。管理处至多只能起一种协调作用。至于停水停电，如住（租）户交纳了相关费用，管理处则不能实施此项行为。

第四部分
Part four

绿化保洁篇

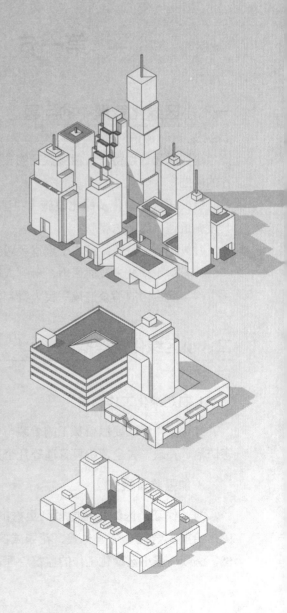

第十一章　物业绿化管理

现如今，随着社会经济水平和人民生活质量的不断提高，人们对住宅小区环境的要求也越来越高，如小区绿地的大小、绿化档次和园林布局。因此，绿化管理工作也就具有重要的意义。

第一节　管理要点

一、小区绿化管理中的问题

小区绿化管理得好，能够提升物业的价值，然而，在管理中也会遇到各种各样的问题。

（1）居民在绿化及绿化设施上"晾晒"，使小区整体外观受到影响，绿化及其设施遭遇"隐形危害"。

（2）物业公司毁绿或者个别居民毁绿。

（3）树木枯枝未及时修剪，砸到人和车。

（4）病虫害的消杀造成居民人身和财产受损。

二、小区绿化管理措施

1. 制定绿化工作标准

绿化工作标准要涵盖员工的着装与工作纪律，以及浇水、施肥、修剪、病虫害防治、补缺、去尘及机具管理等几个方面。

2. 加强监督检查

为了保证小区的绿化能得到更好的管理及保护，让小区的园林绿化更加优美，给业主营造一个园林式、花园式的生活环境，让业主的生活更加舒适、自然，必须加强小区绿化工作的监督管理。

监督的重要手段是员工自查及主管巡查。为使监督工作有记录可循，物业公司可预先设计标准的记录表格，供绿化员工记录工作；同时，主管巡查结束后也应将评价结果记录于表中。

3.加强绿化宣传，培养绿化意识

居住区绿化工作的好坏，不仅仅是绿化部门的职责，同时也是每一位业主和使用人的职责。因而应努力在住户中树立起环境意识、绿化意识。

4.建立绿化档案

物业公司应把小区绿化作为重要内容，单独建档，并把养护管理情况，及时补充到绿化档案中。档案的具体内容应该包括：

（1）小区绿化规划施工图及说明。

（2）小区绿地施工记录。

（3）小区绿地验收记录。

（4）小区绿地平面图。

（5）小区绿色植物配置图和植物名录。

（6）小区绿化管理记录。

（7）小区绿色植物病虫害发生与治疗记录。

（8）小区树木花草更新记录。

（9）小区绿化费用使用情况记录等。

第二节　案例解析

案例01：大风刮断树枝，事后管理处加大排查力度

 案例背景

一年冬天，一场大风刮倒了居民区内的一棵加杨，砸坏了二层住户的玻璃窗，幸好没有伤着人。同时，小区内一棵大洋槐的枯枝也被风刮落，掉在一辆轿车上，砸坏了车的前挡风玻璃，幸而也未伤及人。为此，住户和车主

均向物业管理部门提出索赔，原因是物业管理部门对树木养护不当。而物业管理部门认为，树木的折断是外力的作用，不可预见，因而不应赔偿。但是物业管理部门还是迅速派人维修了住户的窗户和轿车。经过此事，物业管理处对小区的树木进行了检查，发现了39棵危险树木，于是以小区的名义向园林局打了紧急砍伐危树的申请报告，获得批准后，及时消除了安全隐患。

案例点评

亡羊补牢，为时未晚，堵住事故发生的漏洞是物业管理的关键。只有将事故隐患消灭在萌芽之中，才能保证安全。该案例同时反映了物业部门绿化养护管理上的问题，枯枝是可以看见的，只要及时修整就完全可以避免此事的发生。

案例02：小区绿地被业主强占怎么办

案例背景

某物业小区的绿地，近年来不断被一些业主种植上了香椿和葡萄，绿地变成了杂树林，这些占地的业主得到了实惠，每年都有所收获，但却占用了广大业主的绿化用地，业主们颇有微词。物业管理处起初对种树的业主进行了劝阻，但收效甚微，一些业主仍然我行我素，继续收获着丰收的果实。于是，物业管理处贴出公告，要求业主在五日内自行清除种植的香椿、葡萄，否则将强行解决。规定的期限到了，仍有部分业主未按规定清除杂树，为此，物业管理处将此情况向城管部门作了汇报，并提出了恢复绿地的方案，征得城管部门同意后，物业管理处自行动手对香椿等杂树进行清除。清除刚刚开始，就有业主向城管和园林局进行了举报，投诉物业管理处私自砍伐树木。园林监察人员和城管部门的执法人员立即赶到现场，由于他们提前知道此事，便向群众作了解释，首先说明物业管理处规划绿地的做法是正确的，同时指出小区的绿地是全体业主共享的资源，重新规划绿地是得到有关部门同意的。这种做法得到了广大业主的拥护，树立了物业管理处的形象，同时也为不遵守小区物业管理的业主上了一堂教育课，使得重新规划绿地的方案得以实施。

案例点评

业主私自占用公用绿地进行种植的现象在小区中普遍存在。其实，违规的行为一露头，物业管理处就要坚决制止，否则，蔓延开来再行管理，就很被动。物业公司一定要利用业主公约来进行管理和服务，同时，在采取具体行动前一定要与相关行政管理部门进行沟通联系，并获得行政管理部门的批准，这样，当业主向相关部门投诉时，就可以获得相关部门的支持。

案例03：树枝坠落伤人，谁之责

案例背景

一天，周老太同往常一样来到所居住小区的广场上与其他老年人打太极拳，该小区广场上有几棵粗大的老杨树。时至寒冬，老杨树上的枯枝清晰可见。突然一阵旋风刮过，老杨树上的枯枝纷纷下落，一根较粗的枯树枝砸在周老太后头颈上，致其当场倒地。同伴立即叫来物业公司的保安员将其送往医院救治。诊断结论为：颈脊髓震荡，颈椎过伸性损伤。事后，周老太诉至法院，要求物业公司赔偿医疗费。周老太诉称，其在小区内打太极，被树枝砸伤，对此物业公司应承担赔偿责任。物业公司则辩称，周老太在小区内晨练，自己不慎被树枝砸伤，后果应由其自负。

法院经审理认为，被告物业公司作为小区的物业管理单位，对小区内建筑物及其他设施设备、小区土地上的树木等负有管理、修缮的责任，现小区内的树木砸伤原告，被告应负赔偿责任。

案例点评

本案例是住宅小区内的树木致人损害，这种情况，物业公司是否应承担赔偿责任？答案是肯定的。

首先，物业公司对小区实行物业管理的一项重要职能就是对小区的"物业"进行管理。这里所称的"物业"即指不动产，包括建筑物及配套设施设备、场地以及所管理范围内土地上的标的物。小区内的树木应视为不动产，属于"物业"的范围，因此物业公司对本案所涉及的老杨树有管理义务。

其次，小区管理的另一项内容是绿化。花草树木显然属于绿化的范围，所以从小区绿化的角度，物业公司对本案涉及的树木也有管理义务。

最后，从小区公共安全的角度，物业公司对树木有维护的义务。

在本案例中，老杨树的枯枝清晰可见，物业公司应当预见到干枯树枝在风力作用下可能下落致人损害，应当定期对树木进行安全检查，并对可能造成危险的树枝及时进行处理，但其疏于注意义务，致使伤害发生，因此应当承担赔偿责任。

案例04：私自翻越草坪护栏受伤，谁之责

📁 案例背景

某日下午5时许，11岁女孩杨某放学回家后，在其居住小区的楼下与同学一起打网球，因网球绳断开，网球被打到楼上一层平台上。杨某便攀登草坪边的钢筋护栏（70多厘米高，有尖头）去拿网球，但不慎脚滑，倒在了钢筋护栏上的尖头上，尖头扎进其胸部，杨某立即被送往医院治疗，出院不久又因心包积液、心肌损害、上呼吸道感染等症两次入院治疗，共计支付治疗费达2.9万元。同年8月，杨某家属将小区物业公司告上法庭，要求被告赔偿医疗费、营养费、父母护理误工费、精神损失费等共计264832.4元，并承担诉讼费用。

受理法院经审理后认为，原告杨某时年已满11岁，虽为限制行为能力人，但其攀登70多厘米高的护栏时应该预见到有一定危险性，所以，原告对自己被扎伤，应承担一定的责任；原告父母对孩子没有尽到监护之责，对造成的严重伤害应承担主要责任；小区物业公司在住宅小区内安装钢筋护栏时，没有考虑到居民特别是孩子的安全，该钢筋护栏70多厘米高，且留有10厘米的尖头，存在安全隐患，对杨某造成的伤害也应负一定责任。

综上所述，原告及原告的监护人应承担伤害后果的主要责任。其要求被告赔偿误工费、营养费、精神损失费，于法无据，法院不予考虑。依照相关法律规定，法院判定：物业公司于本判决生效后10天内支付原告经济损失10000元；原告及原告监护人自负19602.4元。

📑 案例点评

这是一起不该发生的人身伤害赔偿案件。之所以发生该伤害事故，主要原因有以下三个：

首先，物业管理方面对安全问题考虑不周。保护小区内绿地草坪，动机是善

意的，但护栏上端不应留有尖头，这给居民特别是未成年人人身安全埋下了隐患。

其次，该护栏已安装很长一段时间，11岁的原告不但应该知道践踏绿地欠妥，更应该知道攀登尖头钢筋护栏会有一定的危险性，但因其尚未成年，也许对践踏护栏尖端所带来的伤害程度预料不到。

最后，安装护栏后，孩子的监护人，应及时告诫孩子不要攀登护栏，以尽到监护之责，如果及时对孩子进行安全教育，也许就不会发生人身伤害事故。

本案例中，当事人对该事故的发生均负有一定责任。据此，法院依据有关法律规定作出了以上判决。通过本案，物业管理人员应该吸取教训，改善护栏装置；小区居民也应当负起监护未成年人的职责，教育未成年子女不要攀登任何形式的护栏，以防此类事故的发生。

案例05：员工操作不当，遭业主投诉

📎 案例背景

某日上午，小区物业服务中心接到一位业主怒气冲冲的投诉电话，说绿化工在浇水时，把水淋到其晾晒在花园的衣服上。

管理处服务中心及时通知园林绿化负责人王主管，王主管赶到现场，经过与业主及绿化工沟通，立刻向业主赔礼道歉，并当场给予该员工批评教育。该业主看到王主管处理事情的经过，认为该员工认错态度良好，也就不再追究此事。

📒 案例点评

通过这一事件，我们了解到，在绿化工作中，一定要细致、认真、负责，同时要时刻提高观察能力，随时随地注意周边环境，避免绿化作业影响到行人（业主）。出现问题时，要及时、主动地与业主进行沟通，以免事态往恶劣方向发展。

案例06：绿化植物应及时修剪

📎 案例背景

某日上午，物业服务中心接到投诉电话，说半山二路的绿化植物长得太

茂盛，长时间没人修剪。

绿化部立刻派人赶到投诉的业主家中，经过了解得知，业主从外驾车回家途中发现半山二路有部分绿化植物（双峡槐）长得太过茂盛，已伸出路牙，遮住了部分路面。为了避免事故的发生，其建议管理处进行适当的处理。绿化部工作人员对业主的提议表示衷心的感谢，同时，立即安排人员进行修剪。

案例点评

通过此件事我们了解到，日常工作应注意细节，只要我们的工作细心点、认真点，就可以给业主带来很多方便。这样，我们才能更好地为业主服务，才能真正体现以业主为关注焦点。

案例07：拓宽思路，管理绿地见成效

案例背景

××花园前原来有一片敞开式绿地。绿地上亭栅多姿，曲径通幽，池水泛光，花木含情。春、夏、秋的傍晚时分，许多住户都喜欢在这里驻足小憩。然而，其中也有一些不太自觉的人，随意在草地上穿行、坐卧、嬉戏，导致绿地局部草皮倒伏、植被破坏、黄土裸露，不得不反复种植，管理处想了很多办法，都未奏效。后来，管理处拓宽思路，采取了教、管、疏相结合的办法：

教，即加大宣传力度。首先将警示牌由通道旁移到人们时常穿越、逗留的绿地中，同时将警示语由"铁面"的"请勿践踏草地、违者罚款"更改为"请高抬贵脚，听，小草在哭泣！""人类有了绿树、鲜花和小草，生活才会更美丽""我是一朵花，请爱我，别采我""小草正睡觉，勿入草坪来打扰"，让人举目可及怦然心动。

管，即配足保安人员，实行全员治理。针对午后至零时人们出入较多的特点，中班保安指定一人重点负责绿地的巡逻。同时规定，管理处其他员工若发现有人践踏绿地，都要主动上前劝阻（办事有分工，管事不分家，这是高水准物业治理所必需的），把绿地治理摆上重要"版面"，不留真空。

疏，即营造客观情境，疏通游人流向。在只有翻越亭台才能避开绿地通行的地段，增铺平顺的人行通道，同时把绿地喷灌时间由早晨改为傍晚，使人们尽享天然，而又无法作出坐卧、嬉戏等煞风景之举。

经过一段时间之后，××花园的绿地中依然游人如织，但破坏绿地的现象变少了。

案例点评

克服人们的陋习，不做宣传教育工作是不行的，但光靠宣传教育也是难以奏效的。既要讲道理，又要有强有力的措施，情理并用，管理处的工作便会水到渠成。

案例08：公共绿地可以变成停车场吗

案例背景

周先生所在的小区有一块很大的绿地，绿地上种植着各色花草，还有凉亭供业主休息。每天早上，这里鸟语花香，业主们都喜欢在这里锻炼身体。但随着小区内汽车数量不断增多，车位也越来越紧张。一到下班时间，有车的业主都赶着回来抢车位，有的则把车停在小区外的商铺旁边，有的甚至把车堵住出入口，严重影响了小区交通的畅通。

为了解决停车难的问题，物业公司在小区的绿地上铺上了水泥，画上了白线，改成了一个公共临时停车场，并进行收费。

将公共绿地变成公共停车场，对于大部分有车业主来说是一个解决停车难的好方法；但是对于没有车的业主来说，没有了公共绿地，就等于减少了活动空间。因而许多没有车的业主反对将公共绿地变成公共停车场，于是业主与物业公司产生了纠纷。部分业主甚至准备将物业公司告上法庭，要求将公共停车场改回绿地。

案例点评

小区公共绿地变成公共停车场须征得小区建筑物总面积三分之二以上的业主

且占总人数三分之二以上的业主同意。本案例中，物业公司将公共绿地变成公共停车场，必须征得小区三分之二以上的业主同意，并把出租停车场的收益归还给全体业主。物业公司没有征得业主同意就改变公共绿地的用途或者把出租停车场的收益据为己有都是不合法的，必然会引起纠纷，带来经营风险。

案例09：风刮树倒砸坏轿车，物业要赔偿

案例背景

某年4月9日，唐小姐仍像往常一样将车停在小区楼前树档之间，可没想到，当夜的一场大风竟将车旁蛀空的大树刮倒，砸在车的前部，致使车的前部呈V字形，车门变形，前挡风玻璃碎裂。6月，唐小姐以该物业管理处对树木疏于管理导致蛀空的树被风刮倒，给自己的汽车造成损失为由，起诉至法院，要求绿化队赔偿损失。

一审法院经审理认为：物业管理处，应负责本区域内相关林木的管理维护以及日常监督检查工作。物业管理处提供的证据不能证明其不是该树的产权人及管理者，所以应对事故承担责任。一审法院判决后，物业管理处不服，上诉到市二中院。经市二中院调解，被告自愿赔偿唐小姐修车费8500元。

案例点评

作为小区绿化管理者，物业管理处有责任做好本区域内相关林木的管理维护以及日常监督检查工作。本案例中，这棵树因被虫蛀空而被风刮倒，显然是管理疏忽所致，所以，车主要求赔偿损失一定会得到法院的支持。为了规避这类风险，物业管理处平时就要多加观察、多加检查，发现有异常现象时应及时处理。

案例10：小区"扰民绿化"该不该拆

案例背景

某小区临街1～3楼是商业裙楼，4楼以上为住宅楼。开发商交房时，在4楼住户朝南的露天平台上建造了花坛，并种植了树木花草，后来交由物业

公司管理，物业公司把原来光秃秃的商业裙楼楼顶管理得像个小花园。

　　两年后，有几位五楼的业主，嫌家里蚊子多要将花坛拆除，却遭到四楼业主的反对。他们认为，这个花坛绿化得很好，遮荫挡阳，防尘降温，就是有一些蚊子也是瑕不掩瑜，而且五楼的业主也是受益者。五楼主张拆花坛的业主说，这个花坛是开发商当初为了销售房屋、增加卖点而建造的，现在招来苍蝇蚊子，受害的是他们。双方闹到业主委员会，业主委员会经调查认为：蚊子多并不是花坛造成的，楼下周边小餐馆众多，每天污水横流才是滋生蚊子、苍蝇的罪魁祸首，遂不同意拆除花坛。但是五楼的业主坚持己见，各方争执不下，闹到要对簿公堂的地步。

案例点评

　　这个"扰民绿化"到底该不该拆？这涉及两个法律问题：一是它是否属于乱搭乱盖，如果是乱搭乱盖当然要拆，否则就另当别论；二是花坛的管理是否存在问题，如果无人管理或管理很差影响环境卫生，也该拆。

　　首先，花坛是开发商建的，出发点是促进销售，但客观上起到了美化环境的作用。根据该市有关文件精神，开发商的做法符合文件要求，不属于违建。另外，花草树木多了是不是必然招来蚊子无从考证，即便如此也可想办法解决，不可因噎废食。

　　另外，这个花坛已成为城市绿化的一部分，牵涉到了公众的利益，这里所指的公众甚至超出了小区的范围。所以仅由小区里几方协商是不能随意处置的，需经一定的法律程序才行。

第十二章　物业保洁管理

高质量的物业清洁保养能为业主或用户提供整洁、舒适、优美的工作环境与生活环境。而且通过清洁保养，可以延迟和减缓物业装饰物表面自然老化及人为磨损，延长物业再装修翻新的周期，既经济又能保持物业美观。

第一节　管理要点

一、物业保洁管理的问题

卫生保洁是物业管理公司的基本职责，但物业公司在履行这一职能时往往出现不少问题，具体如表12-1所示。

表12-1　物业保洁管理的问题

序号	问题类别	具体说明
1	清扫不彻底	为节约成本，有些物业公司往往只注重对地面的清扫，而忽略了对护栏、墙面、其他公共场所以及小区标志物的清洁，因此，部分小区护栏、墙体等公共场所脏乱情况时有发生
2	存在屋顶垃圾	主观上，由于屋顶垃圾的清理难度较大，清理成本较高，物业公司存在不愿、懒得清理等行为；客观上，一些小区屋顶必须经过业主室内才能上去，清洁工人无法正常进入，而业主不愿配合的情况普遍存在
3	装修垃圾清理不及时	对于业主室内装修产生的垃圾，目前物业公司均采取收费的方式清运。物业公司为节省费用，往往采取一次性或累计几次的方式来完成清运，这就造成小区公共场地装修垃圾大量堆积。由于室内装修普遍在一个月以上，装修垃圾没有及时清理的现象直接导致了小区市容脏乱
4	存在"二次污染"	清洁工存在小区外乱倒垃圾的行为。个别清扫保洁人员在小区收集完垃圾后，为省去运送至指定地点的麻烦，将垃圾随意丢弃、倾倒在非小区，造成二次污染

续表

序号	问题类别	具体说明
5	"乱张贴"现象	即有人进入小区在每一幢楼的电梯口以及各个楼层的门口，张贴小广告，而且很难撕下来。这会影响小区的整体环境，并且让人觉得物业公司管理得很乱

二、物业清洁保养管理的措施

1.确保每一个地方均有专人负责

物业保洁管理是一项细致、量大的工作，每天都有垃圾要清运、场地要清扫，涉及物业管理范围内的每一个地方。因此，必须责任分明，做到"五定"，即"定人、定地点、定时间、定任务、定质量"。物业范围的任何一个地方均应有专人负责清洁卫生，并明确清扫的具体内容、时间和质量要求。

2.要有计划地安排

物业管理公司应制订清扫保洁工作每日、每周、每月、每季直至每年的计划安排。

3.制定明确的质量标准

标准是衡量事物的准则，也是评价保洁工作的标尺。物业区域环境保洁的通用标准是"五无"，即无裸露垃圾、无垃圾死角、无明显积尘积垢、无蚊蝇虫滋生地、无"脏乱差"顽疾。以下两条可以作为物业区域道路清扫保洁质量的参考：一是每天普扫两遍，每日保洁；二是达到"六不""六净"标准，即不见积水、不见积土、不见杂物、不漏收堆、不乱倒垃圾、不见人畜粪便，路面净、路沿净、人行道净、雨水口净、树坑墙根净、废物箱净。

当然，不同类型、不同档次的物业公司的公共部位清洁卫生质量标准不同，相同的物业管理区域中不同管理部位要求的标准也可能不同。物业公司应根据实际情况制定相应的卫生清洁标准。

4.制作物业保洁作业指导书

物业保洁作业指导书就是指导员工作业的方法与方式，把保洁作业的合理过程以文件的方式反映出来。其目的是通过对保洁人员进行技术性指导，提高其工作效率与品质，使其又好又快地完成保洁工作。

5.执行保洁质量检查四级制

保洁质量检查四级制是保洁质量控制的一种常用方法，也是很有效的方法。目前，大多数物业清洁管理部门都采用这一方法，具体如表12-2所示。

表12-2 质量检查四级制

序号	检查级别	具体说明
1	员工自查	员工依据本岗位责任制、卫生要求、服务规范，对作业的效果进行自查，发现问题及时解决
2	班长检查	班长对指定管理的岗位和作业点，实施全过程的检查，发现问题及时解决
3	主管巡查	主管对管辖的区域、岗位进行巡查或抽查，并结合巡查所发现的问题、抽查纠正后的效果，把检查结果和未能解决的问题上报部门经理，记录在交接本上
4	部门经理抽查	部门经理应对管辖区域、岗位和作业点进行有计划的抽查，并及时解决问题

第二节　案例解析

案例01：业主在小区道路上摔倒，状告物业公司

💼 案例背景

某小区一号楼405室的李老太雪后出门，在小区的步行街不慎跌倒，安全员发现后立即将李老太送进医院。

经诊断，为右腿股骨头粉碎性骨折，须立即实施手术置换股骨头。手术后李老太提出，她是在小区内跌倒的，且自己每月都交物业管理费，其中包括了小区道路的公摊，那么，她在小区道路上跌伤的医疗费用及精神损失费用应由物业管理公司承担。

几经交涉，物业公司未同意，并称，李老太虽在小区内道路上跌倒，但

小区步行街积雪已打扫过，"雪后路滑，请当心！"的警示牌也在小区步行街醒目处悬挂，其摔伤与物业公司没有直接责任关系。于是李老太一纸诉状将物业公司告上法庭。

案例点评

如果业主在小区公共区域受到伤害，物业公司未能及时报警，或者发现异常情况没有及时注意，导致损害后果产生的，应该承担相应责任。若因物业公司的管理不到位，如未及时清理杂物、未对公共设备进行修复，造成居民人身损害的，物业公司应该承担相应责任。为了规避物业管理人员未尽到注意告知义务而引发的物业纠纷，物业管理人员应及时发现物业管理中的安全隐患并予以消除或设置必要的警示标志。

本案例涉及小区内个人原因引起的意外伤害问题。李老太虽在小区内道路上跌倒，但物业公司的本职工作没有延误，李老太这种意外伤害的确是自己不当心或一时路滑不适应造成的，与物业公司没有直接责任关系。物业公司可以在多方面关心李老太，但没有义务为其支付医疗费和精神损失费。

案例02：运完装修材料不清场，怎么处理

案例背景

某小区301室正在装修。一天下午，业主运来不少装修材料，暂时堆放在一楼大堂，随后让装修工下来搬运。业主一走，装修工头就与护卫员商量，要等第二天再搬。由于装修材料不允许放在大堂，护卫员拒绝了他们。

装修工人只好赶紧搬运，材料运完之后，由于临近下班，他们没有清扫垃圾就想离开。当班护卫员灵机一动，称要检查他们的装修出入证，拿到装修出入证后，护卫员提出先把垃圾打扫干净，才能把证件还给他们。装修工头恼羞成怒，抓住了护卫员的衣服就要动手打人，护卫员冷静地对他们说："你们要打我，想到后果了吗？我看你们还是先给业主打电话，问他我这样处理对不对。"装修工头想了想，有道理，把手松开后，就走到一边打电话。

打完电话，装修工头老实了许多，不仅同意打扫地面，还向护卫员道了

歉。护卫员看他们忙活一阵，干得差不多了，就把出入证给了他们，并说："天也不早了，你们明天还得干活，剩下的我就帮你们打扫吧！"装修工头一听，立即说："那谢谢您，说实在的，工人们今天也太累了！"

案例点评

纠正违反物业管理规定的行为，不能一味来软的，也不能一味动硬的。在对方迫不得已改正时，应当注意适可而止，见好就收，这样不至于结怨，也便于以后工作的开展。

案例03：路面清除不净致人受伤，谁担责

案例背景

某日，某小区的保安人员在检查进小区车辆时，发现某车辆上装载的107胶有洒落，随后保安进行了清除。当晚下雨，次日下午1时，业主孙某（73岁）行至该坡道处，脚踩到未清除干净的107胶摔倒，遂被送到医院进行治疗。医院诊断业主孙某损伤系"颈椎外伤，脊髓损伤伴不全瘫"，后经鉴定为四级伤残。

业主孙某以物业公司未及时履行清扫、保洁义务造成其人身损害为由，诉至某区人民法院，要求该物业公司承担民事责任，赔偿其医疗费、营养费、误工损失费、残疾补偿费、精神损失费共计19万元。

一审法院判决认定，该物业公司未清洁坡道上的107胶，业主孙某损害结果的发生与该物业公司疏于管理存在着必然的因果关系，因此，对业主孙某的经济损失，该物业公司应承担赔偿责任，即赔偿住院医疗费、出诊治疗费、鉴定费、就医交通费、残疾生活补助金等合计19万元。

一审判决后，该物业公司以一审法院判决赔偿过高为由提出上诉。该物业公司认为，一审法院未能确定侵害人、责任人，未查明孙某致伤因果关系，草率认定其负有全部责任，有悖"以事实为依据，以法律为准绳"的原则。

二审法院判决认为，该物业公司和业主孙某系物业管理关系，作为管理部门，物业公司应当保证小区及辖区内的清洁，现由于坡道上的107胶导致

孙某摔伤，物业公司应承担主要责任。业主孙某系完全民事行为能力人，应该预见自己的行为，由于其行走不慎摔伤，亦应承担一定责任。因此，对业主孙某的经济损失，物业公司承担19万元的80%，即15.2万元。业主孙某自行承担损失的20%，即3.8万元。

案例点评

判定物业公司是否应当承担赔偿责任的核心在于，物业公司是否按照其与业主之间签订的物业服务合同来提供相应的服务。一般来讲，维护物业区域内的环境卫生是物业服务合同的一项基本内容，物业公司必须履行保洁义务，为业主提供一个安全、舒适的小区环境，若在合同履行过程中存在不当行为，就要承担相应的法律责任。《物业管理条例》第三十五条第二款规定，物业公司未能履行物业服务合同的约定，导致业主人身、财产安全受到损害的，应当依法承担相应的法律责任。本案例中，物业公司理应预料到下雨天遗留在路面上的107胶可能会导致行人摔伤，却因疏忽大意，未将107胶清除干净，当然要承担违约责任。

孙某作为完全民事行为能力人，应当预见雨后地面湿滑，有滑倒摔伤的危险性，走路时应提高注意力。孙某没有预见，或虽有预见但抱有侥幸心理，即主观上存在疏忽大意的过失，因此也应当承担一定的民事责任。

综上所述，二审法院的判决结果是合理合法的。

案例04：外包清洁项目，物业公司需监管到位

案例背景

某物业管理公司与一家清洁公司签订了外墙清洗协议，由清洁公司对商住楼的外墙进行清洗。清洁公司为了不影响商场的经营，首先清洗了1～4楼的商场，然后清洗了上层的住宅。然而商场用户投诉不断，称清洁公司清洁时的水滴又把商场外墙污染了，而且下落的水滴影响了商场生意。

不久，物业管理公司又接到住宅区居民的投诉。一名王先生在电话中说，清洗外墙的人竟然跑到他家阳台上擅自接水，把阳台弄得全是泥浆脚印。

清洗的第三天，商住楼绿化保养商也向物业管理公司投诉，楼下成片的

马尼拉草坪草茎干瘪枯萎，受损面积正随着外墙清洗部位的延伸而扩大，估计是外墙清洗使用的清洁剂造成的。物业管理公司调查发现，外墙清洗人员果然使用了酸性超标的清洁剂。

投诉发生后，物业管理公司与清洁公司首先对清洗的程序和人力搭配进行了调整。清洗的程序自上而下进行；商场正门上方住宅及商场外围的清洗，安排在商场开门前或关门后进行。3人组成一个作业组，一人负责冲洗，一人负责刮水，一人负责观察和协作。其次，重新更换了合格的清洁剂。最后，由管理公司负责在商住楼天台上多接几条供水管，以方便清洗人员接用水。由于物业管理公司与清洁公司事先订立的清洗合同中，基本明确了清洗的程序及要求，故清洗公司进行了适当的赔偿并道歉。而物业管理公司也就监管不力、工作不细等问题，向受影响的用户致歉。通过此事，物业管理公司与清洁公司双方都得到了教训，也加强了双方的制约和管理。

案例点评

物业的外墙清洗是非常必要的，通过清洗能保持建筑物良好的外貌与形象，延长外墙装饰材料的使用寿命。因外墙清洗是一项专业性较强的保洁工作，物业管理公司一般会将清洗工作外包给专业的清洁公司。本案例中，清洁公司虽是物业管理公司聘请来的外来公司，但在用户眼中，它是代表物业管理公司的，其工作质量及人员态度体现了物业管理公司的服务水准。而且每次外墙清洗时间太长，对用户的生活、工作影响颇大。所以，物业管理公司对清洁公司一定要进行全方位管理。

（1）在工作前要审查清洁公司的清洗方案，确定符合物业实际的清洗程序和方法，同时对清洗物料做严格的规定和要求。

（2）对清洁公司工作人员的服务质量、服务态度乃至仪容仪表做明确规定，清洁人员必须遵守物业管理公司的规定，做到优质服务、礼貌对客。

（3）派专人负责监管清洁施工，及时纠正违规作业。

（4）每次清洗后，对清洗质量进行抽查，确定清洗效果。

综上，物业管理公司如果在清洗外墙前未检查清洗方案，在清洗工作中也未做好监督保护措施，就会导致用户的多次投诉。所以，物业管理公司在外墙清洗时，应多关注清洁公司外墙清洁质量与遵守物业公司有关规章制度等方面的问题，一定要有一个具体的可操作方案，一方面，对外墙清洁公司的行为有约束力，另一方面，避免出现本案例中侵扰住户的投诉。

案例05：保洁时要做好现场标识，防止行人摔倒

💼 案例背景

　　某年1月16日早晨9:00，某公寓管理处保洁员对公寓各楼梯进行全面彻底的清洁，并在大门上悬挂"工作进行中"的指示牌。9:30左右，保洁员做完最后的拖地工作，取下大门上悬挂的"工作进行中"的指示牌准备离去。这时，一位四楼的业主上楼，不一会儿，保洁员听到"扑通"的声音，过去一看，原来是业主摔倒在地上。

　　保洁员急忙扶起业主向他道歉，并询问业主有无受伤。在确定无受伤的情况下，再次向业主表示道歉。此业主通情达理，未追究任何责任。

📋 案例点评

　　在此案例中，保洁员清洁地面后应及时擦干，地面不能有积水。同时，保洁员的安全防范意识不强，工作现场没有"小心地滑"的警示牌，导致业主摔倒，不过清洁员及时采取补救措施并予以诚恳的道歉，值得肯定。

案例06：巧妙对付乱吐瓜子壳的业主

💼 案例背景

　　某花园一业主有个习惯，喜欢嗑瓜子，而且不注意环境卫生，经常把小区内的儿童游乐场弄得满地都是瓜子壳，清洁起来非常麻烦。怎样才能使客人接受意见并改变不良的生活习惯呢？直接出言劝阻将使业主下不了台，还会伤害到业主的感情，也不符合服务行业的职业道德规范；而保持沉默、任其所为，瓜子壳被风吹得到处都是，对环境的影响很大。怎么办呢？保洁部的小王想了好几天，终于想到了一个办法，有一天，小王见那业主又在嗑瓜子，她微笑地走到业主跟前说："您好，不好意思，是我的工作疏忽，没有为您准备袋子装瓜子壳。"说完从袋内拿出一个小垃圾袋放在她身边的椅子上，说道："请慢用。"便开始清理地面上刚吐的瓜子壳。业主接过小垃圾袋，面带歉意，从那以后，地面上再也没有看到瓜子壳了。

📑 **案例点评**

从本案例中可以看出：在清洁服务中，我们只要用心服务，以情感人，肯动脑筋，不管什么样的难题都可以解决。

案例07：垃圾满地遭投诉

💼 **案例背景**

某日上午9:10左右，一位业主很生气地打来电话投诉，说该户楼梯口处满地都是垃圾，要求管理处立即派清洁人员处理。服务中心接投诉后，立即通知保洁部主管前往处理，保洁主管指示清完垃圾后，进行了调查，原来是装修单位在搬运装修物品时未做清洁，他们以为装修垃圾由管理处负责清理。保洁主管向该业主当面赔礼道歉，就此事作出解释，并承诺以后不会再出现此类事件。

📑 **案例点评**

该案例暴露出装修垃圾管理方面的漏洞。管理处应加强安全防范措施的宣传，告知广大用户不可占用公共走道。同时要加强对装修户的管理，保安人员也要加强巡查，发现有不规范的行为要及时纠正。

案例08：清洁时私闯别墅，惹来投诉

💼 **案例背景**

某年11月28日，正丰豪苑C25栋业主发现，清洁外包公司员工未经同意私自进入花园内，业主与其理论时，其还与业主吵架。

管理处服务中心安排事务助理对此事做了详细了解，原来清洁工在清理公共区域时，发现C25栋花园内有很多落叶和垃圾，就自行进入花园内进行清扫。当业主发现后与其理论时，他自以为是在做好事，在心理不平衡的状态下与业主发生争吵。了解原因后，助理立即向业主道歉并说明原因，业主表示理解。

案例点评

通过此事可以看出，外包公司的员工对物业管理基础知识的了解不够，以及服务意识不强。作为一名物业管理的保洁员，必须要加强物业有关常识的学习。

案例09：清洁作业异声引投诉

案例背景

某日凌晨，某小区A35栋业主听到花园内有异常的声音，出来查看时，远远地看到一个背影。第二日他投诉到管理处，要求管理处给他一个答复。经调查，业主凌晨听到的声音是保洁员在清洁时弄出的声响，因为当时A35栋正在装修，装修材料就堆放在门口的道路旁，保洁员清洁时不小心碰到装修材料发出了声响。管理处及时将这一调查结果回复给了业主及装修单位负责人，他们表示谅解。

案例点评

本案例反映出环境美化部对员工的培训不到位，员工的服务意识不强。管理处以后要加强培训，提高员工的服务意识。

案例10：商户违规扔垃圾，管理处另辟门路解决

案例背景

某日，某商城管理处的物管员巡视时，发现二楼公用洗手盆周边的墙面、地面溅有不少污水，堆了不少塑料袋，并发出阵阵异味。经仔细观察，了解到这些污水和塑料袋来自二楼一间从事足底推拿的店铺。

这家足底按摩店的员工认为洗手盆是公用设施，便随意泼洒，有时甚至在离洗手盆几米远的地方，就将装有污水的塑料袋向洗手盆扔去。

就此问题，管理处经理亲自上门找该店老板沟通，老板表示马上整改，保证污水直接倒在洗手盆内，塑料袋放到旁边的垃圾桶内。

但答应归答应，情况却没有改观。管理处经理于是再次登门，找到该店老板。这次老板的态度完全不一样，他质问："你们不让我把污水倒在那里，那你说倒在哪里才对？"经理解释说："并不是不让你们往那里倒，而是提醒你们往那里倒的时候留意点儿，如果环境卫生状况不好，大家都要受影响。"老板不等经理说完就头一摇："那我不管！"

此路不通，只好另辟门路。管理处考虑到这家店铺内缺少排水系统，确有不便，于是买来了一个带盖的大塑料桶，送到店铺里。请他们将污水与塑料袋放置塑料桶里，待收集到一定程度，再由该店员工提出来倒掉。老板开始非常不耐烦，可看到管理处态度诚恳、服务殷勤，真正为业户办事，便欣然接受了管理处的建议。当天就安排店铺员工进行整改。从此以后，该店乱倒脏物的事再也没有发生过。

案例点评

对于脏乱现象，物业公司当然要加以管理，否则，不仅影响物业的形象，也会影响物业公司的形象。在处理类似的问题时需要有不折不挠的韧劲，同时，也要从客户的角度出发，切实解决客户的难题，这样，客户自然会配合。

第五部分
Part five

日常管理篇

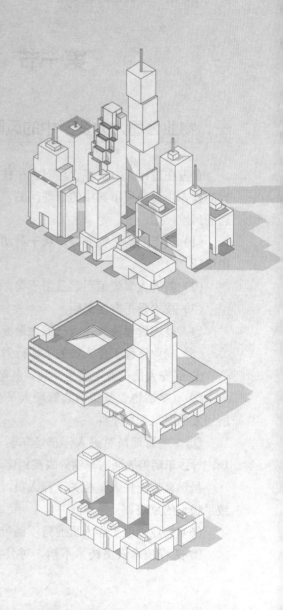

第十三章 人力资源管理

作为服务性行业的物业公司，一线员工的服务将直接转化为业主的满意度。因为服务存在即时生产与即时消费的特性，所以，如何改进与提高一线员工的工作方法与工作积极性尤为重要，而规范化的人力资源管理则是改进与提高一线人员工作方法与积极性的重要内容。

第一节 管理要点

一、物业公司人力资源中的风险

企业在进行人力资源管理时，往往只重视招聘、培训、考评、薪资等具体内容的操作，而忽视了其中的管理问题。其实，所有企业在人力资源管理中都可能遇到风险，如：

（1）员工难招。物业公司属于劳动密集型企业，保洁员、保安员、维修员都很难招。

（2）新的人事政策引起员工不满。

（3）技术骨干突然离职。

（4）基层管理及操作人员的大量流失引发管理服务人员短缺。

（5）物业管理工作人员的失职行为引发的风险。

① 保安人员与业主发生冲突，甚至发生保安殴打业主的恶劣事件。

② 写字楼物业备用钥匙管理人员在手续不全的情况下，私自进入客户房间所引发的财物损害事件。

③ 车场管理员对进入停车场车辆未进行车况检查登记，在巡视过程中走过场，导致车辆停放期间车辆外表被划伤，或被其他停放车辆有意无意碰撞而损坏。

虽然直接责任人是相关工作人员，但是往往在后果承担上，物业管理企业招致了极大的风险。

（6）物业管理工作人员业务不精带来的问题。

① 工程技术人员技术不精，对公共设施设备及各类管线分布不熟悉，在实

施维修或改造安装时存在破坏设施及管线的隐患。

②审查业主或客户二次装修时，忽略了结构是否安全、使用的材料是否符合消防要求、拆改是否破坏管路线路、装修后的用电负荷是否超出初始设计的标准等问题，为物业后续使用及维护预留了极大的隐患和风险。

③在工作过程中不按操作规程工作或劳动保护不到位产生工伤，而劳动部门鉴定程序复杂，有的不按工伤处理，将由此造成的一切责任全部转嫁给企业，给企业造成了极大的费用负担和风险。

二、人力资源管理风险的防范

面对物业公司人力资源管理的风险，人们可以采取多种方式加以防范。

1.完善企业人力资源管理信息系统

信息是人力资源管理的重要依据，信息不对称、不完全是产生道德风险和契约风险的根本原因。为了防止这类风险的产生，必须完善企业信息系统，加强信息管理。为此，企业要重视人力资源管理信息系统的建设，全面收集企业内外部信息，加强信息的过程管理，加强对信息管理工作的监督和考评。在招聘流程中应做到：

（1）严把员工招聘录用审查关，把握招聘质量，严格选聘流程，各专业部门参与招聘也要认真对待，以免企业大量招人，不满意再解雇。

（2）应聘者即使自带简历，企业仍然要求应聘者亲笔书写员工应聘履历表并对其真实性进行签名承诺，同时对应聘人员提供的学历、资格等资质材料进行严格审查。

（3）对应聘人员的健康状况严格审查，如果身体不健康的员工进入公司，那么用人单位事后将要付出很大的成本。

（4）要求应聘人员提供原单位的离职证明材料，这样会有效地避免聘用与原单位未解除或者终止劳动合同的人员所带来的损失和责任。

（5）对应聘中层以上的管理人员应进行适当的外部情况调查，包括其在原单位工作的业绩情况、工作责任心和职业道德、团队协作状况、离职原因等，以免出现名不副实的情形。如果签订劳动合同后发现不适合或情况不真实再去处理，就会产生系列的纠纷和麻烦，从而增加招聘失败的成本。

2.加强制度管理

现代服务型的物业公司的运作应该有一套完善的制度来保证。如果劳动工资制度不合理，特别是执行不公，则会导致人员流失；如果财务管理制度有漏洞，执行不力，则会有贪污、挪用公款、公款消费等现象发生。加强制度管理的关键在于，建立权力之间的制衡机制，健全各项规章制度，加强监督管理，保证制度得到全面执行。

3.加强激励

研究表明，道德风险和员工流失风险发生的概率与激励是否得当、到位密切相关，如果激励得当、到位，则能够减少风险事件的发生。为此，物业公司应强化激励机制，力争做到激励公平，做到多元化激励、差异化激励、人性化激励和长期化激励。

4.缓解员工压力

适度的压力能够为工作带来动力，而压力过大则会影响员工的身心健康，带来员工健康方面的风险；同时，员工为了减轻压力，有可能出现道德方面的风险，或者为了逃避压力，到其他企业工作，产生员工流失风险。通过减轻员工过大的生活和工作方面的压力，可以减少风险事件发生的概率。

第二节　案例解析

案例01：小区外垃圾桶失窃，保安被处罚

🧳 案例背景

某月22日，某小区物业管理处经理宣称，摆放在小区外的十多只崭新的垃圾桶在21日晚被盗了三只，因为当班保安队员看护不力，经理口头表示要对当晚值班的一名保安队长和九名保安队员做出经济处罚，分别扣罚队长100元，另外九名保安队员每人50元。对此，保安队员们感到非常委屈："一方面，公司从来没有告知我们摆放在大门外的垃圾桶要由我们负责看管；另一方面，我们也不清楚垃圾桶是不是真的丢了，丢了几只。"保安队员认为，在公司事先没有明确交代的情况下，他们不应该对小区外的盗窃事件负责。所以，保安队员坚决地表示："如果公司坚持要对我们进行强行罚款的话，我们只能集体辞职。"

📋 案例点评

根据我国法律的相关规定，因职工过错造成用人单位财产损失的，用人单位可以依照双方签订的劳动合同的约定或者法律的规定，要求职工个人赔偿一定的经济损失，但是用人单位行使权利必须有充分的证据证明：一、单位存在财产损失，二、该损失系职工过错造成。除此之外，用人单位不得随意对职工进行经济处罚。本纠纷中，除非物管公司能够证明现有财产损失的存在，并能充分证明已告知保安队员小区外设置的垃圾桶属于职工看护范围，才能认定垃圾桶被盗系职工不尽职所致。否则，不能对职工进行经济处罚。

案例02：保安下班时间打伤业主，物业公司承担连带赔偿责任

💼 案例背景

杨某是某小区的保安。某年10月16日晚11时许，已经下班的杨某在小区门口的保安室内看小说。此时，业主唐小姐在小区门外打电话，由于通话声音较大，杨某怕影响到其他住户休息，就从值班室内出来制止，要她小声点。但唐小姐没有理会，杨某便与唐小姐发生了争执，并动手打了她。经法医鉴定，唐小姐的伤情为轻微伤。随后，唐小姐将杨某及其所在的物业公司告上法庭，要求对方赔偿。

唐小姐认为，尽管杨某已经下班，但他仍旧穿着制服在保安室里，可以认为他还在上班，而他是物业公司聘请的保安，因此，杨某将她打伤，物业公司应负责。

物业公司则辩称，杨某与唐小姐发生纠纷之时，他已经下班，不在工作时间，发生纠纷纯属其个人行为，而且事发地点不在小区内。因此，这起纠纷与物业公司无关，物业公司不应当承担任何责任。

法院经审理认为，杨某身着保安制服，在他的工作岗位上以唐小姐在小区外打电话声音较大、影响小区业主休息为由，对其进行制止，属于履行职务的行为。杨某在制止过程中动手打唐小姐并造成她受伤，属于职务侵权行为。按照法律规定，由此产生的后果应该由杨某所在单位即物业公司负责。唐小姐受伤后花费医疗费等相关费用共计1604元，杨某表示同意赔偿，法院予以准许，但物业公司应对杨某的赔偿金额承担连带赔偿责任。

案例点评

本案例中，物业公司对保安人员的管理肯定存在漏洞。一般而言，物业公司应该明文规定：保安人员在值班岗位内不准看书报、听音乐，在非当班时间不能穿公司制服、不得在岗位逗留。而保安员杨某穿着制服，在值勤岗位逗留，尤其还在看小说。所以，即使他是下班后的行为，物业公司也难脱管理疏忽之责。

案例03：未签劳动合同的员工，是否享受工伤待遇

案例背景

某年3月，唐某没签劳动合同，就进入某小区的物业管理处，从事保安工作。

当年12月5日早上，A栋303室的住户秦先生到值班岗亭求助，说自己出门时忘记带钥匙，家中大门因风吹而关，小孩正在屋内哭泣。正在巡逻的唐某接到岗亭传来的消息后，立即搬来梯子往303室爬，在上爬的过程中，不慎摔下致伤，身上多处骨折。

积极帮助业主本来是好事，但是唐某受伤，这笔医疗费用该由谁出？

物业公司认为，根据物业公司与小区业主委员会签订的物业管理委托合同，帮助业主爬窗开门不是物业公司管理服务的范围；保安人员的工作是维护管理区域内的公共秩序，爬窗开门不属于维护公共秩序范围，唐某为业主秦先生爬窗开门不是履行工作职责；唐某为业主爬窗开门不是受物业公司指派，也未经物业公司允许。可以说，唐某是为业主秦先生而受伤，应由业主承担赔偿责任。

无奈之下，唐某向劳动部门申请工伤认定。次年3月3日，区人力资源管理局作出工伤认定。物业公司不服，申请复议，区政府维持人力资源管理局的工伤认定。不服工伤认定的物业公司，向区法院起诉，把区人力资源管理局告上法庭。法院一审判决，维持区人力资源管理局的工伤认定。

案例点评

本案例中，业主向物业公司求助，物业公司当班人员受理了求助申请，并通知员工前去解决，唐某接到相关通知后前去帮助业主解决问题，正是服从单位管理、履行职责的积极表现。因此，唐某此次受伤属于工伤。

案例04：业主在小区散步被保安撞死，物业公司担何责

💼 **案例背景**

　　某年10月27日晚7时许，退休老人赵先生正在小区内的行人道上散步，这时小区物业管理公司雇请的保安彭某下班后驾驶摩托车（彭某无驾驶证）从外面买菜回来，将通道上的赵先生撞倒，赵先生被撞后送市人民医院抢救，但因重度颅脑损伤致中枢衰竭，抢救无效死亡，共花去治疗费989.6元。彭某因过失致人死亡被法院判处有期徒刑5年，并赔偿死者家属人民币66649.6元。彭某不服，上诉至市中级人民法院，市中级人民法院裁定驳回上诉，维持原判。死者家属认为，物业管理公司对赵先生的死亡后果负有连带赔偿责任，因此诉至法院。法院认为，赵先生在小区内被物业公司雇请的保安无证驾车撞伤致死的严重后果，损害了赵先生及家属的合法权益，也违反了"委托管理协议书"的规定，对此，物业公司应承担违约赔偿责任，次年12月26日法院判决：物业管理公司赔偿赵先生家属18000元。

📑 **案例点评**

　　本案例还是用人不善、管理不规范的问题。业主聘用物业公司本来就是为了更好地管理小区，除了绿化维护、保洁外，最主要的就是小区内业主的人身安全与财产安全。然而，物业公司没有按照协议规定切实履行合同义务，没有建立完善的管理制度且选人不当，未能保证小区住户的生命安全，所以，必须担责。

案例05：物业公司因保安不负责被判赔

💼 **案例背景**

　　江小姐由于家在一楼且位于小区一角，便在自己的住房上自行开设了一扇窗户，并安装了防盗栅栏。某日下午1时许，江小姐家正巧没人，两名鬼鬼祟祟的男子"光临"了小区。他们先在江小姐家附近东张西望，然后其中一人从江小姐家自行开设的窗户爬了进去，正当小偷登堂入室时，小区的另一住户彭先生却将此情此景全看在了眼里。发现窃贼的彭先生立即向保安人

员报告，谁知保安前去巡视却未发觉异常情况，"马虎"的保安便又折回了保安室。下午3时许，江小姐回家，发现家中23300元现金被盗，江小姐当即报案。不久，两名窃贼在另行作案时被捕并很快被判处刑罚。

之后，江小姐一纸诉状将物业公司告上了法庭。不久，法院就此财产损害赔偿一案作出一审判决：被告某物业管理有限公司于判决生效之日起十日内全额赔偿原告江小姐。

案例点评

物业管理公司应尽的保安责任不同于一般的注意义务，其应达到勤勉、谨慎的程度。本案例中，被告接到原告家中可能发生被盗险情的报告，理应引起充分重视，并采取全面巡查、报警、通知原告等途径，尽可能避免原告家被盗的发生。但被告仅委派保安作了常规巡视，未发现窃贼已撬坏原告窗户防盗栅栏的情况，亦未采取其他安全措施，其管理存在瑕疵，应承担相应的违约责任。

案例06：工作人员与业主打架，物业公司要赔偿

案例背景

马先生在家做晚饭时发现自来水漏水，便找物业公司的工作人员前来修理。但是修了3个多小时也没修好，维修人员董某便把自来水阀门锁上，准备回去查明究竟后再来修理。因还没有修好，马先生便不同意将水阀门锁上。为此，两人发生争执，维修人员董某对马先生出言不逊，继而两人扭打开来，在打斗中，董某将马先生的一颗上门牙打落。马先生忍着疼痛来到医院补牙，因修补一颗牙齿会涉及旁边的两颗牙齿，故马先生实际安装了三颗烤瓷牙，每颗费用3800元。补好牙的马先生找到该物业公司，要求其赔偿医疗费、误工费等相关费用50600元。物业公司拒绝赔偿，故马先生将其告上法庭。法院判决：被告物业公司赔偿原告马先生修补牙齿费用11400元。

案例点评

尽管打人行为并非公司赋予的工作职责，然而物业公司有责任对自己的工作

人员进行规范管理，对其进行职业道德等方面的培训，这起纠纷就是管理不善的结果。所以，物业公司应引以为戒，加强对物业人员的管理。

案例07：辞退员工是否需要补发赔偿金

💼 **案例背景**

某年5月10日，某小区物业公司辞退了一名从事垃圾装运工作的清洁工钱某，此人已在该小区工作6余年。6月，他到区劳动局上访状告物业公司，要求物业公司按《劳动法》的规定对其赔偿，每工作一年给予一个月的补偿费，工作6年，应付6个月的补偿费，其每个月工资为2100元，共计12600元。物业公司认为钱某在上班时间捡垃圾，经保洁部主管多次批评仍不改正，属违反劳动纪律，所以给予辞退；在辞退时物业公司将此决定告诉了本人，还在物业公司内发了通报，因此不予赔偿。区劳动仲裁委员会经调查，情况属实，根据《劳动法》第二十五条第二款的规定，严重违反劳动纪律或者用人单位规章制度的，用人单位可以解除劳动合同。由于物业公司多次劝告钱某，钱某仍违反纪律，因而予以解除合同，钱某本人也承认并签字，物业公司也作了公示，所以不予赔偿。

📑 **案例点评**

随着《劳动法》的贯彻、落实，劳动纠纷也越来越多，这是摆在物业管理公司的一道难题，如何解决此类问题，关键在于要依法办事，要坚持法律程序，同时还要根据要求，予以公示。

案例08：保安作内应，"协助"偷盗小区车辆

💼 **案例背景**

某年6月，36岁的邓某开始担任某小区保安，9月，他认识了私人修车铺老板金某后，称该小区内有很多违章停放和长时间无人使用的助动车、自行

车，让金某在自己当班的时候去"拿"。金某表示同意，并留下了手机号码。

10月20日下午，邓某打电话给金某，称自己当班，让他带好工具过来。金某和其堂弟朱某带着大力钳来到小区，在邓某的指点下，先后盗窃了2辆电动车。10月26日6时许，邓某在小区附近碰到金某，又让他带工具到小区，此次金某盗窃了1辆燃气助动车。邓某分到部分销赃款。

由于小区内经常发生盗窃助动车的事件，物业公司加强了巡逻，发现金某有重大作案嫌疑。10月28日，当金某再次进入小区时，物业主动报警，公安人员将金某、邓某抓获，11月10日将朱某抓获。

案例点评

保安是物业公司聘用的员工，保安素质的高低跟物业公司的招聘标准有着很大的关系。在实际运行过程中，很多物业公司偏重于物业制度的制定与高级员工的培养，对保安的文化素质、业务培训等却没有足够重视，这在一定程度上导致了聘用保安的素质良莠不齐。

俗话说"家贼难防"，如果聘请的保安人员素质"不达标"，反而就是引狼入室了。

案例09：员工处事呆板，致业主投诉

案例背景

一业主投诉：前天刮大风时，他的衣物被吹到二楼露台，求助当值保安，保安称找不到梯子，等清洁工打扫时，顺便再把衣物归还业主。但今天业主查看时，衣物已经没有了，大堂保安说上午被清洁工扔掉了。业主十分不满，强烈要求物业中心给个说法，并给予赔偿。理由是大堂保安没有按他的要求把衣物收回。

案例点评

该案例足以显示出保安员处理问题死板、不灵活，本来当时就可以解决的事，最后却弄成了投诉。保安为什么没有将这个事情告诉保洁员？交接班时没有

做好工作吗？这件事本来当时就可以找人来协助处理，就算是当时没有处理，也应该有交接，对于每一件事，保安人员都应该重视。

案例10：业主在小区遇害，物业是否要担责

💼 案例背景

业主关某在小区内被人捅死，保安在目击有人打斗的情况下，因为害怕而溜走，且没有向警方报案。关某家属要求物业公司承担赔偿责任，但物业公司认为自己没有责任。家属遂将物业公司告上法庭。法院判决物业公司承担20%的补充赔偿责任。

法院认为，事发的小区南门平时由物业公司保安固定值守，一般有两名保安值班至凌晨4时许，在南门内还设有保安观察岗亭。事发时，物业公司保安小张发现有打斗事件，但未予制止，亦未采取其他及时、合理的措施进行处置，事后亦未巡查。因此，物业公司在履行保安服务过程中存在过错，应当对此承担相应的民事责任。

📖 案例点评

在招聘保安时选择胆大心细的人员，尤其是退伍军人，或者对保安人员进行充分的培训工作，其实这类风险是完全可以避免的。从本案例中保安因害怕而溜走，就可以知道这名保安根本不合格，他根本就不具备处理安全事件的基本常识。

案例11：如何防止员工拉帮结派

💼 案例背景

某物业公司从社会上招聘了一批保安员，一部分是江苏的，一部分是四川的，一部分是江西的，60多名保安自成"三帮"。如果有四川人员违纪被罚款、辞退，整个四川的队员就集体闹事；如果工资一时未发，"三帮"就一起闹事。

而另一个物业公司有100多名保安，来自十一个省、市、地区，即使是一个省的也来自不同的县、区，同时公司将他们的上岗班次分开，所以就没有帮派的困扰。

案例点评

保安人员要面向社会招聘，除面试、有效证明材料外，还应进行现场考核。保安队伍特别要防止拉帮结派。平时强化这方面的教育、引导，奖罚实事求是，就能避免拉帮结派。

案例12：员工不服从调岗当即被辞，物业公司被判败诉

案例背景

2019年9月11日，罗先生由劳务公司派遣至某小区担任保安。不久，双方签订了劳动合同，约定期限为2019年12月1日至2021年11月30日。2020年8月1日上午，用人单位通知罗先生到其他小区保安岗位就岗，可罗先生不愿意到新岗位就岗，故劳务公司于当日下午通知其退工。事后，劳务公司以罗先生严重违反公司规章制度为由，与罗先生解除劳动合同。于是罗先生申请仲裁，仲裁裁决劳务公司与罗先生恢复劳动关系；并支付罗先生2020年8月1日至裁决之日的工资4418.2元。后双方均不服，诉至法院要求解决。

罗先生称，用人单位要求他到另一小区工作，双方未能达成一致，劳务公司便向他开具辞退通知书。他认为公司无故辞退自己，应撤销辞退通知书，恢复双方劳动关系，并支付其2020年8月1日至恢复劳动关系之日的工资。

劳务公司辩称，罗先生不服从用人单位的调动，属严重违反规章制度，其被辞退，符合法律规定，所以不同意与罗先生恢复劳动关系，要求驳回罗先生的诉求。

法院审理后认为，用人单位如确需调动员工的工作，应当先进行协商，说明调动工作的理由。而劳务公司未协商，在当日上午通知罗先生调岗未果的情况下，下午便予以退工，确实欠妥。所以，劳务公司与罗先生解除劳动关系缺乏依据。根据劳动合同法的相关规定，劳务公司应当与罗先生恢复劳动关系，且支付罗先生至恢复劳动关系之日的工资。

📑 **案例点评**

　　为规避此类纠纷，公司应当先与员工进行协商，说明调动工作的理由，动之以情，晓之以理，而不应该采用解聘（尤其是当即解聘）的方式。

案例13：员工能否单方解除劳动合同

💼 **案例背景**

　　何某是某物业管理公司的员工，2016年5月与物业管理公司签订了为期5年的劳动合同。2018年，何某被该公司送到某大学脱产学习物业管理专业知识，为期一年。双方签订了培训协议，协议规定：何某培训期间的培训费10000元由公司负担；公司支付何某学习期间的工资，何某学成后必须回公司，要为公司服务至少5年。2021年4月，何某提前一个月向公司提出终止劳动合同。2021年5月，何某离开该物业管理公司，应聘到某外资物业管理公司，并与之签订了3年的劳动合同。为此，该公司将何某和某外资物业管理公司作为被申请人向市劳动争议仲裁委员会提请仲裁，称何某的合同期未满，不同意与何某解除劳动合同，要求何某继续履行合同，同时要求某外资物业管理公司承担相应的法律责任。何某辩称，其与前公司的合同已满，培训协议不应作为合同的内容，因此有权终止合同。某外资物业管理公司称，其不知何某与前公司的培训协议，以为他们的合同期已满，不应承担法律责任。

　　某市劳动争议仲裁委员会经审理后裁决：在双方协商一致的情况下，解除何某与前物业管理公司的劳动合同。对于前物业管理公司因此受到的经济损失，应依照双方签订的协议和法律规定，由何某和某外资物业管理公司承担。

📑 **案例点评**

　　在本案例中，培训协议是双方自愿签订的，在法律上来讲属于劳动合同的变更，受我国劳动法保护，因此是有效的，双方应当遵守。

　　前物业管理公司要求何某继续履行合同的请求不应支持。我国《劳动法》第三十一条规定：劳动者解除劳动合同，应当提前三十日以书面形式通知用人单位。劳动者有提前解除劳动合同的权利，一般情况下，用人单位不得强迫劳动者履行劳动合同。

某外资物业管理企业应承担法律责任。根据我国《劳动法》规定，用人单位招用尚未解除劳动合同的劳动者，给原用人单位造成经济损失的，该用人单位应当依法承担连带责任。所以，某外资物业管理公司的答辩理由不能成立，应赔偿前物业管理公司的损失。物业公司在招聘员工时，应查验其与原单位终止合同的证明文件后，再签订劳动合同。

物业管理公司在人力资源管理过程中应熟知国家劳动、人事相关法律法规，在雇佣员工时要对员工之前的劳动关系是否解除进行调查，否则，将会出现类似本案例的劳动纠纷。

案例14：员工违规操作，是否算工伤

案例背景

某年6月5日上午9:00，某物业公司管理处维修技术员李某、于某对小区配电中心低压配电柜进行带电除尘作业，在施工作业中，李某、于某觉得手动皮风器的除尘效果不好，便改用毛刷（刷毛宽5厘米，长12厘米，手柄长17厘米）进行除尘，但未对毛刷的铁皮进行绝缘处理（刷毛与木柄连接处的铁皮长12厘米，宽1.5厘米）。下午2:30，于某在对一个配电柜除尘时，导致毛刷的铁皮将C相母排与零排短接，造成相对地短路，联络断路器总闸保护跳闸。瞬间短路产生的电弧将于某的手部、头发和面部造成不同程度的烧伤，李某也受了轻微伤（头发和眼眶）。管理处即刻安排专人将于某送至医院医治，同时组织人员对配电系统进行检查，15:30设备恢复正常运行。

物业公司事后认定，于某受伤属于个人违规操作所致，故仅给予300元补助，未按照工伤处理。于某不服申请了仲裁。

案例点评

本案例中，李某、于某属于工伤。《工伤保险条例》第十四条规定，职工有下列情形之一的，应当认定为工伤：（一）在工作时间和工作场所内，因工作原因受到事故伤害的；（二）工作时间前后在工作场所内，从事与工作有关的预备性或者收尾性工作受到事故伤害的；（三）在工作时间和工作场所内，因履行工作职责受到暴力等意外伤害的；（四）患职业病的；（五）因工外出期间，由于工作原因受到伤害或者发生事故下落不明的；（六）在上下班途中，受到非本人

主要责任的交通事故或者城市轨道交通、客运轮渡、火车事故伤害的；（七）法律、行政法规规定应当认定为工伤的其他情形。第十六条规定，职工符合本条例第十四条、第十五条的规定，但是有下列情形之一的，不得认定为工伤或者视同工伤：（一）故意犯罪的；（二）醉酒或者吸毒的；（三）自残或者自杀的。据此，李某与于某属于工伤的情形，虽然违反操作规程，但仍属于工伤。物业公司应根据《工伤保险条例》要求按工伤程序处理。

物业公司未按规定给李某与于某认定工伤，应视公司是否为员工购买了工伤保险而承担法律责任。

（1）公司为员工购买了工伤保险：按《工伤保险条例》第十七条的规定，所在单位应当自事故伤害发生之日或者被诊断、鉴定为职业病之日起30日内，向统筹地区劳动保障行政部门提出工伤认定申请。公司未在规定的时限内提交工伤认定申请，在此期间发生符合本条例规定的工伤待遇等有关费用由该用人单位负担。这样本来应该由社会保险机构承担的工伤费用则因人员判断失误而由公司承担。

（2）公司未为员工购买工伤保险：按《工伤保险条例》第六十二条第二款的规定，未参加工伤保险期间用人单位职工发生工伤的，由该用人单位按照本条例规定的工伤保险待遇项目和标准支付费用。同时按《工伤保险条例》第五十八条的规定对公司给予罚款。

案例15：劳动者违反诚信原则伪造考勤记录，物业公司可否解除其劳动合同

📁 案例背景

王某为广州某物业管理公司（以下简称物业公司）员工。2015年5月19日，物业公司以王某私下制作手指模，交由其他同事代为打卡，严重违反了公司规章制度为由，解除了与王某的劳动关系。王某以物业公司违法解除为由，提起劳动仲裁。劳动仲裁委认为物业公司未能提供充分证据证实其解除劳动关系的合法性，遂支持了王某的主张。

物业公司提起一审诉讼。诉讼中，物业公司提交了员工手册、保证书、员工个人行为责任保证书、指纹打卡记录、视频光盘、证人证言等资料。指纹打卡记录显示王某2015年5月8日、9日、10日均有打卡记录，但是监控视

频中对应的时间点未显示王某出现，而是显示他人代其打卡。二审时，物业公司提交了王某2015年5月8日至5月10日的微信朋友圈截图，该段时间内王某朋友圈内容为某旅游景点的视频及图片，地点定位为景点地址。经当庭核对王某手机，公司所提交的截图与王某朋友圈记录一致。

一审判决：物业公司向王某支付经济赔偿金83758.32元。二审判决：物业公司无须向王某支付经济赔偿金。

案例点评

《最高人民法院关于审理劳动争议案件适用法律问题的解释（一）》第四十四条规定，因用人单位作出的开除、除名、辞退、解除劳动合同、减少劳动报酬、计算劳动者工作年限等决定而发生的劳动争议，用人单位负举证责任。用人单位因劳动者的过错而解除劳动关系，系用人管理过程中最严厉的处罚手段，且用人单位与劳动者存在管理与被管理的关系，用人单位在获得证据的能力方面较劳动者更占优势，故在司法实践中，对用人单位解除劳动关系所提交的证据一般从严把握。本案中，用人单位之所以在仲裁、一审中败诉，主要是因为证据不足而承担举证不能的不利后果。用人单位在诉讼过程中不断补足证据，二审法院最终认定用人单位所提交的证据达到了高度盖然性的标准，从而采纳了用人单位的主张，对本案予以改判。

本案例的意义在于，一方面，提醒用人单位要注意保存用工管理过程中的相关证据，如考勤记录、工资条、处罚决定等，尽可能及时交由劳动者签名确认，并在诉讼的过程中尽可能地收集一切相关的证据以证明自己主张，以免在产生纠纷时因证据不足而败诉。另一方面，也提醒劳动者在提供劳动过程中要诚实守信，不要违反诚信原则，伪造考勤等，否则将承担不利的后果。

第十四章 突发事件处理

由于物业管理中突发事件时有发生，且发生频率逐日攀升，同时突发事件具有不可预见性，所以，如何应对和处理各种突发事件，是每一个物业服务企业都无法忽视的内容。

第一节 管理要点

一、物业管理突发危机的类型

物业管理突发危机的类型可以从两个维度来区分。一是从产生物业管理突发危机的原因来看，称为"人为—自然"水平度，这里的"人为"是指人为故意、人为非故意或者是管理不善；这里的"自然"是指由大自然、社会外部大环境或者物业管理企业无法控制的因素。二是从危机产生的直接影响来看，称为"个体—群体"垂直度，这里的"个体"是指危机造成的直接影响只涉及个人；这里的"群体"是指危机造成的直接影响涉及群体。这样就把危机分成四种类型，如图14-1所示。比如，水管爆裂并导致水浸，这是由人为造成的，其直接影响往往涉及群体——相关部位进水、设施损坏、相关客户被迫停水等。

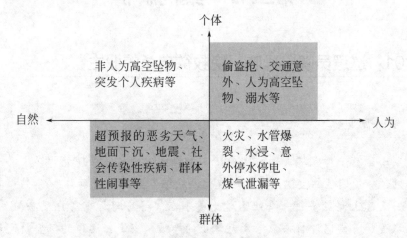

图14-1 物业管理突发危机的类型

二、物业管理突发事件的应对措施

1.预先防范，有备无患

加强员工相关培训，增强员工对安全隐患的识别能力；认真做好相关预案的编制，加强演练，提高员工突发事件的应急处理能力。

2.主动出击，直面矛盾

突发事件发生后，物业公司不能以消极、推托甚至回避的态度来对待，这只会"雪上加霜"，物业公司也必将为自己的"不作为"付出代价。此时，应积极主动，及时处理问题，并敢于承担相应责任。

3.适时回访，加强沟通

在突发事件处理后，对相关业主、使用人应及时做好回访工作，及时了解他们的所思所想，所需所求，尽自己最大能力给予他们相应的帮助，这样往往会取得意想不到的效果。

4.开拓思路，转移风险

物业公司所面临和可能承担的管理风险越来越大，物业公司除了在平时认真做好防范工作外，也要开拓思路，通过多种途径，有效降低、规避物业管理公司的风险。

第二节　案例解析

案例01：巡逻员嗅出异味，挽救欲自杀的业主

📖 案例背景

某小区有一对年轻夫妇，因感情不和经常闹矛盾，管理处曾多次给予协调和劝说。但因住户主观原因，一直无法从根本上解决问题。

一天晚上九点多钟，女业主趁丈夫不在，将房间所有窗户及房门关闭，打开煤气阀，想通过自杀来结束无休止的争吵。当晚，巡逻的保安员巡查至

该楼层，闻到有些许的煤气味，便迅速查出发生煤气泄漏的房间号码，有礼貌地叩响了该户房门。听到房内有呻吟声但没有人开门，他立即向中控室保安员报告这一情况。中控室保安员接到巡逻保安的报告后，立即通知保安主管。保安主管带领保安员及维修工迅速赶赴现场将门锁撬开。保安主管叫大家千万不要开灯，以免引起煤气爆炸，并指挥维修工关闭煤气阀门、打开窗户，同时以最快速度找到住户，将其送至通风效果良好的地方。此时，该女业主已经口吐白沫，奄奄一息。保安主管引导工作人员为其进行人工呼吸，并拨打了120医疗急救电话及辖区派出所电话，同时安排中控室的保安员与女业主的先生联系。派出所通过伤者亲笔书写的遗书和现场具体情况确定女业主为自杀。医院方面也及时挽救了女业主的生命。

事后，夫妇俩向管理处工作人员表示了感谢，并赞扬了管理处处理问题的态度与方式。管理处员工又趁机对夫妻俩的关系给予进一步的协调。直至今日，该户夫妻俩和睦相处，非常支持管理处的日常工作。

案例点评

从管理处各岗位工作人员处理这一问题的过程可以看出：保安员只有平时训练有素，遇事才能不乱，才能使问题得以迅速解决；保安主管必须具备很强的保安意识和良好的指挥能力，并在处理问题的过程中保持头脑清晰，考虑问题细心、周全，人员安排得当，才能化险为夷，圆满处理突发事件。

案例02：租户酒后要自尽，警民合力营救

案例背景

某日中午12点左右，步行街管理处当值保安员小丁在巡逻中，突然听到53座三楼阳台有啼哭声，随后传来吵闹声。原来有一名女士坐在阳台外围哭闹着，说"不想活了，谁敢靠近我，我就马上跳下去"。

在这十分危急的时刻，小丁及时赶到现场，保持冷静，一边用对讲机呼叫管理处负责人，一边维护现场稳定。管理处经理接报后，带着领班和其他保安员赶赴现场，想方设法稳定跳楼女士的情绪，并叫保安员找几张席梦

思放在地面，同时打电话报警。两分钟后，警察赶到现场。在保安员的配合下，警员从房间里悄悄围过去，从后面紧紧拉住该女士的衣服，营救成功，此时所有员工都松了一口气。在营救人员及围观群众的细心开导、关心下，该女士说出了原因：她男友狠心丢下了她，她一时想不开喝了很多酒，才有了这一举动。

案例点评

通过此事，使保安员增加了突发事件的处理能力，更重要的是挽救了一条年轻的生命。同时，我们也应该认识到，要做好小区的管理工作，物业管理人员应把工作做深、做细。物业管理人员不仅要了解物业的基本情况，还要了解小区住户的基本情况，以便及时发现各种安全隐患。

案例03：泳客溺水，救生员及时救护

案例背景

某年6月25日下午3:30左右，一住宅小区的水上乐园，大家都玩得很尽兴的时候，当值救生员小唐发现一名身高大约1.65米的女泳客沉在水底。

当值救生员小唐急忙跳下去将其救上岸，然后及时通知泳池领班前来处理。救生员用娴熟的救生方法让这位小姐吐水，并通过人工呼吸使她苏醒。由于救护及时，避免了一起溺水意外事故。苏醒后的女士告诉救生员，她其实并不会游泳，是和几个朋友一起过来的，在学潜水时因为在水中换不过气才沉到水底的。其丈夫闻讯赶来，对救生员及时的救护表示感谢，并对水上乐园的救生工作很有信心，以后会经常来游泳。

案例点评

泳客不会游泳，不论水深水浅都会有溺水的可能。本案例中，救生员的及时救护避免了事故的恶化，充分体现了救生员的责任心及熟练的救生技巧对泳池安全管理的重要性。只有不断加强安全管理和救生员的培训工作，才能给泳客提供安全的娱乐场所，让泳客游得开心、放心。

案例04：自来水管爆裂，工程技术员及时处理

💼 **案例背景**

　　某日凌晨3:40左右，某小区保安巡逻至后花园时，发现草坪一处向外冒水，水势很大。工程部部长接报后直奔事发现场，初步分析为地下自来水管爆裂，于是立即组织人员进行抢修。在关闭相关水阀，挖开泥土后，发现一直径为75毫米的PVC给水管爆裂。因仓库无备用材料，工程部部长立即报告管理处经理，并联系集团物资供应中心采购部送货。货到后工程技术人员马上抢修，更换管件，早上7:40恢复正常供水。

📋 **案例点评**

　　作为工程技术人员，应对小区各类设施设备的分布了如指掌，这样才能应对各类突发事故。本案例中，管理处工程部对小区给排水管网系统分布相当熟悉，整个处理过程，漏水总时长只有15分钟，且抢修是在凌晨进行，没有引起业主任何投诉。此突发事故处理得相当及时、恰当，避免了事态的进一步扩大。

案例05：电缆突然冒烟起火，工程员紧急处理

💼 **案例背景**

　　某日下午6时，某小区施工工地现场，电缆突然冒烟，并燃起明火。工程部值班员接到保安呼叫，马上到低压配电房关掉会所的两个空气开关，并挂上标示牌，同时用对讲机呼叫同事提灭火器前往出事地点灭火。当灭火结束后，他又带领员工到配电房检测开关和线路，确定是哪条线路有问题后，对此线路挂上标示牌，对出事地点作好安全防护措施，并打印温馨提示贴好，然后对另外一条线路重新检测后送电。

📋 **案例点评**

　　本案例充分反映出，工程技术人员在处理应急问题时，只有具备良好的技术和经验，才能胜任本职工作。

案例06：施工不当，导致地下水管爆裂

💼 案例背景

某日，某工业小区A座1楼整改排水管，施工人员在对路面进行施工时，不小心将暗埋地下的供水管打爆，路面一下蹿起了2米多高的水柱。工程部工作人员接报后立即前往处理，由于是暗埋的供水管，一时无法找到水管分阀门，在不得已的情况下，将小区供水总阀门关掉才止住冒水，经2个小时紧急抢修后供水恢复正常。

📖 案例点评

从此次突发事件的处理可以看出，工程技术人员对小区隐蔽管网分布不熟悉，小区竣工图纸档案保存不齐全。为了防止以后再次发生类似情况，物业公司要加强相关图纸档案的收集和有关方面的培训，工程技术人员只有熟悉了小区管线分布的情况，才能及时处理好类似的突发事件。

案例07：电梯发生故障，业主被困

💼 案例背景

某月2日，某住宅小区9栋的电梯突然在6楼发生故障，电梯内3名业主被困。监控中心收到救援信号后，马上用电梯内对讲机对业主进行安抚，告诉业主不要惊慌，管理处已派电梯工赶往现场处理，并向被困业主了解电梯发生故障时的有关情况；管理处领导和电梯工以最快的速度赶到现场进行解救。10分钟后故障排除，管理处领导对被困业主表示歉意并给予安慰。

📖 案例点评

从此案例可以看出，物业管理人员在物业管理工作中必须注意：

（1）当接到电梯困人的紧急通知后，管理处主管人员要第一时间赶到现场，组织救援工作。

（2）及时通知专业技术人员以最快的速度赶到现场处理，并作好记录。

（3）被困乘客中若有小孩、老人、孕妇，或者电梯困人时间过长，供氧不足，管理处要特别关注。

（4）对电梯困人的处理过程，管理处要进行详细记录。

案例08：水管断裂，工程技术员及时维修

💼 案例背景

某日下午5:30左右，两名工程技术员正在3栋后街维修，看到6栋A座三楼平台有一名清洁工正惊慌失措地在寻找什么，好像发生了什么事故。于是两人放下手中的维修工作，赶到现场，只见6栋A座6203室旁边的一根主供水管的分水阀断掉，水直冲到6505室的窗户。工程技术员火速跑到6栋后面第一个楼梯口，果断地将主供水阀门关掉，然后用对讲机通知客服中心做好对业主、租户的通知和解释工作。工程部领班马上组织人员进行抢修。由于工程部技术人员技术娴熟，黄昏时分该区域便恢复了正常供水，部分业主目睹整个抢修过程，称赞道"三正速度，无处不在"。

📋 案例点评

本案例中，工程技术人员发现问题时，及时采取了处理措施，可以看出他们对小区的水管网及设施设备的位置非常熟悉；因主水管断掉会影响住户的用水，他们第一时间通知客服中心做好对业主、租户的通知和解释工作，可以看出他们的工作非常细致、负责。

物业管理中确实存在许多意想不到的突发事故，当遇到问题时不能只忙于解决问题，一定要主动、及时地与业主沟通。本案例中，管理处工程技术人员在安抚业主的同时，及时处理了问题，得到了业主的称赞，值得我们学习。

案例09：发生火灾，保安部迅速处理

💼 案例背景

某日上午8:50左右，小区6号岗保安员用对讲机紧急呼叫，报告云松居6

栋305室内发生火灾。

保安主管接到呼叫后，立即同工程主管迅速前往事发地点，赶到后发现窗口有浓烟冒出，并有一男一女在窗口呼救。保安主管立刻安排工程主管和两名保安员去抬梯子救人，然后和当值领班及其他岗位赶来的保安（当时已下班，闻讯赶来救火）一起到三楼救火。由于门是反锁着的，屋内的人无法打开（因烟太浓），他们便合力用脚将门踢开。门打开后，他们发现烟较大，冒出的烟充满了整个楼梯间，使扑救人员无法进入，情急中保安主管马上组织保安员疏散楼上和楼下的住户，并及时联系管理处经理赶往现场指挥灭火。同时，安排保安员小王、小胡协助保安主管启用消火栓灭火。经过近半个小时的奋力扑救，终于在9:20左右将火扑灭，并安全救出两名被困业主，在此过程中无一人受伤。

案例点评

在本案例中，所有参加救火的义务消防队员有勇有谋，部门主管组织到位，将业主的损失减到最低限度，维护了业主的生命和财产安全，这充分说明保安人员训练有素，物业公司的应急演练做得很到位。

案例10：保安员智抓偷车贼

案例背景

某日下午2:20左右，购物城管理处2号岗当值保安员小姜发现一名男子在外街偷了一名女孩子的自行车正往5号岗逃走。

保安员小姜见状立即呼叫5号岗进行拦截，当时代班领班小李正在巡查，距离小偷有100多米远，正好一熟人骑摩托车至此，小李灵机一动，借了摩托车去追赶，在不远处追到了偷车贼，此时保安主管及相关岗位的保安也都闻讯赶到。人赃据获，警察把小偷带走，将自行车归还了原主。

案例点评

购物城是一个开放式物业小区，时常会发生各种突发事件，保安员必须在当值期间时刻保持高度警惕。本案中，保安员在处理突发事件时，相互配合，相互协调，不畏风险的工作精神，值得所有物业保安人员学习。

案例11：住户陷入纠纷，保安员冷静处理

案例背景

某日23:15左右，某小区住户杨先生在美食街吃夜宵时，他4岁的小孩不慎将茶水溅在旁边一位年轻人身上，杨先生立刻向对方赔礼道歉，可几个年青人得理不饶人，并联系了十多人带着钢管前来对杨先生大打出手。

正在附近散步的未当值保安领班小刘见状，立刻联系当值领班并随其赶往现场制止，同时通知保安部经理、管理处副经理。保安部经理带领相关岗位人员在不到1分钟的时间全部就位，管理处副经理及时拨打110报警。保安人员及时控制了局面，避免了一起恶性事件的发生。

案例点评

本案例中，管理处保安员冷静、及时、果断、有勇有谋，使事件没有进一步恶化，得到了广大业主/住用户的一致好评。

案例12：业主突发急病，保安员及时援助

案例背景

某日凌晨1:30左右，小区10栋603户业主朱女士的小孩患急病，因联系不上车辆，朱女士不知如何处理，便向当值保安员求助。

当值保安员小黎先问清情况，及时通知当值领班。当值领班了解情况后，立即安排当值保安员小林骑上自己的私人摩托车，将朱女士和小孩送往医院。待小孩的病情有所好转，小林又将业主及小孩送回家，直至确定业主小孩无事后才返回岗位。事后，业主朱女士送来了锦旗，上面写着"五心服务，排忧解难"。

案例点评

当小区业主发生突发事件求助物业管理人员时，物业管理人员及时的援助，可以加深管理处与业主之间的感情。这件小事，充分体现了管理处践行公司"以业主为关注焦点"的经营理念并不是停留在口头上。

案例13：租户跳楼，保安员全力救援

案例背景

某日上午10:45左右，一清洁工急匆匆地跑到大门岗亭，说25栋后草坪上躺着一名受伤的女子。当值保安员接报后立即报告领班，并急忙赶往出事地点。

保安员来到出事地点，发现一名女子躺在草坪上一动不动，经辨认为25栋6A的租户，遂拨通该户门铃告知其家属。此时保安主管也闻讯赶来，全力组织管理处人员救援，同时拨打120急救电话，并及时向110报案。几分钟后，救护车及警车都赶到了，大家迅速将伤者抬上救护车，并将情况向警方作了汇报。

经调查和了解，该女子有吸毒的历史，前两日刚搬进小区居住。可能是毒瘾发作使她昏昏迷迷地从六楼跳了下来。

案例点评

本案例中，该事件的发生比较突然，在日常物业管理工作中是不可预见的，但是当事件发生后，管理处能积极组织人员救援，并及时向政府相关部门报告，协助相关部门处理问题，说明管理处应对突发事件时具有一定的应急处理措施，值得肯定。

案例14：突发大雨致商铺积水，保安员及时处置

案例背景

夏季的一天凌晨，突然下起了倾盆大雨，小区大量积水，逐渐流到几家

商铺。5号岗当值保安员觉察情况不妙，便立即向领班汇报。领班闻讯立即跑到商铺，当即采取措施：一、安排保安人员去叫醒熟睡中的租户；二、向保安部值班主管汇报情况，召集所有非当班保安员集合到场；三、安排保安人员救助开门的店铺。各商铺内的积水都来自下水道，臭味刺鼻，保安们在值班主管的带领下冲进商铺帮租户转移被水浸湿的物品。他们忙而不乱、紧张有序，汗水夹杂着雨水湿透了每个人的衣服。与此同时，工程部、服务中心也赶来援助，管理处的领导人员也都赶到了现场。一阵阵臭气熏天的积水不仅没有影响到保安员的积极性，相反还激发了他们的斗志。经过近3个小时的"战斗"，到上午9:30左右，各水浸商铺的物品被全部转移，积水也被清除。

案例点评

倾盆大雨中，当值保安员按公司要求，认真巡查，做到了"四勤"；当值领班有勇有谋，处事果断，及时上报并通知租户，为各商家挽回了经济损失，更重要的是得到了租户的好评和认可。

案例15：商住小区发生抢劫案，保安员智擒劫匪

案例背景

某日19:45左右，购物城管理处四号岗当值保安员小高前往三号岗巡逻，突然有一个青年男子从他和三号岗当值保安小陈的背后跑过，接着听到有人喊"抢劫"，他和小陈回头一看，有两名女子正在追赶这个男青年。

小高、小陈毫不犹豫地追了上去，小陈因为是车库岗不能走开，就在对讲机里面通知领班，小高则边追边向领班报告该男子的逃跑路线。当小高追到离该男子只有十米远时，随手在313后门抓了一根木棒并对他说："再走我就对你不客气了。"该男子被保安员吓到，停下来不敢再跑，乖乖地把双手举了起来。这时失主也跑了过来，要回了被抢的失物。很多围观群众要殴打该男子，但被小高制止了，最后，他们将该男子交给了派出所处理。

案例点评

小高与小陈在发现犯罪嫌疑人实施犯罪行为时，迅速采取行动，及时准确报

告其逃跑路线，并对犯罪嫌疑人穷追不舍，最后将其抓获，充分体现了他们对突发事件的处理能力。围观群众提出要殴打嫌疑人，这是法律不允许的，保安员及时对其进行了阻止，说明保安员具有较强的法律意识。

商住小区情况复杂，安全隐患多且不容易防治，这就需要保安人员具体情况具体分析，不能和一般住宅小区一样对待。物业公司应针对商住小区杂、乱的特点制定出相应的措施。

案例16：保安员巡查时洞察秋毫，阻止了寻衅滋事人员

💼 案例背景

某日19:20左右，某商业城管理处三号岗保安员小谭在巡查过程中发现，美食街有一群年轻人手持钢管、砍刀，凶神恶煞，好像在找人报复。

见此情景，小谭立即向领班汇报，领班接报后马上赶到美食街。这群人已到溜冰场门口，有将溜冰场团团包围的气势。领班迅速向主管汇报，主管马上指挥5号岗，让其组织所有非当班值保安员，立即带上装备到溜冰场集合（来制止可能要发生的流血事件），同时拨打110报警。在不到三分钟的时间里，所有非当值班保安手持警棍，迅速向集合点奔去。他们本着公司提出的"吓阻为主，擒获为辅"的原则，迅速将溜冰场出入口封住，控制住了整个局面。此时，派出所治安队员也赶到现场，对整个溜冰场进行清查，抓获了未逃脱的滋事人员。

📠 案例点评

作为保安人员，要具有良好的洞察力和分析判断能力，当值期间要对自己管辖区域内正在发生和即将发生的事情有个判断和掌握，以便有效地控制整个局面并达到良好的效果。此次事件可以看出，只有加强突发事件应急处置预案的演练，真正发生突发事件时才能处理得得心应手。

第十五章　服务收费管理

在物业服务收费过程中，常常发生争议，有的是因为理解有误，有的是因为操作不当，有的是因为各地物业服务收费政策或具体规定的差异。不管怎样，物业管理收费问题已经成为业主投诉的热点，并影响了业主和物业公司的关系。

第一节　管理要点

一、物业管理收费的分类

物业管理收费可以分为以下两大类：

（1）服务性收费，包括物业管理综合服务费、停车管理费、装修管理服务费、广告设置管理费、专项或特约服务费等。

（2）代收代付性收费，包括物业共用部位、共用设施设备及绿化场地的水电费，专变供电部位的电费，二次供水的水费，广告租赁费，装修垃圾清洁费等。

二、物业管理收费的风险

物业管理收费风险主要体现在以下两个方面：

（1）收费纠纷多、收费难、收费率低，给企业经营造成较大的困难。

（2）替供水供电部门代收代付水电费的风险大，且得不到应有的补偿和报酬。

三、物业收费难的原因

收费难、收费纠纷多、收费率低是现在全行业面临的共同问题，也是物业管理的一个难点，因此而产生的纠纷也特别多且复杂。收费难的原因有：

（1）物业管理作为特殊的商品，还未被消费者全部接受，还未形成消费习惯。

（2）正面宣传不够，使消费者对物业管理不理解、不配合，未形成正常的消费观念。

（3）物业管理企业自身服务不到位、不规范，缺乏应有的收费技巧和法律运用实践。

四、化解收费纠纷，提高收费率

物业管理企业要化解收费纠纷，提高收费率，应做到以下几点：

（1）要向业主提供规范、到位、满意的服务。

（2）注意运用适当的技巧，用"脑子"去收费，切不可简单、粗暴行事。

（3）借助法律手段，学法、懂法、依法维权。

总而言之，要做好物业管理收费工作，物业管理人员不仅应学法、懂法、更应依法处事；不仅应知情知理，更应谨慎处事，善于化解各种纠纷和矛盾，防范潜在的风险，努力营造和谐的小区管理服务氛围。

第二节 案例解析

案例01：服务质量有瑕疵，业主能拒交物业服务费吗

📁 案例背景

天某物业公司系天某第一城物业服务单位，冯某系该小区业主。2018年5月24日，冯某接收房屋时同天某物业公司签订"前期物业服务协议"，协议主要约定：物业服务费收费标准为每月每平方米1.8元，物业管理服务费实行预交制度，每半年交纳一次，即在每半年的第一个月预交下半年的物业服务费和公摊能源费。逾期按所欠费用日万分之五收取滞纳金。冯某房产面积96.16平方米，2017年1月1日至2020年12月31日冯某未交物业服务费，天某物业公司称冯某拖欠金额及违约金金额共计1万余元。为此双方发生纠纷。

法院裁定认为，物业服务合同是物业服务企业与业主订立的，约定由物业服务企业对房屋及其配套设备、设施和相关场地进行专业化的维修、养护、管理，并维护相关区域内的环境卫生和公共秩序，由业主支付报酬。天

某物业公司与冯某签订的"前期物业服务协议"是有效合同，内容不违反法律、行政法规的强制性规定，合法有效。天某物业公司系经国家机关登记注册的物业管理公司，有权在经营范围内行使权利。天某物业公司已对冯某居住的小区实施了物业管理服务，并履行了相应的义务，冯某理应交纳物业管理服务费，拖欠不交已构成违约。冯某提供大量的照片和视频资料证明天某物业公司在物业管理服务过程中存在瑕疵。对于冯某提出的问题，物业公司应当主动、及时加以整改，履行养护、维修公共设施、设备的责任；对小区内私占公摊面积的违规施工，应及时制止，不听劝阻的，及时向有关执法部门报告，并配合执法部门依法强制处理。天某物业公司应与业主一道共创文明、美丽、安全、和谐的小区。冯某作为业主，不能以拒交物业管理服务费的方式对抗物业服务的瑕疵，从而影响整个小区正常的物业管理。对天某物业公司要求冯某给付物业管理服务费的诉讼请求，予以支持。对天某物业公司要求冯某承担滞纳金的诉讼请求，因天某物业公司在提供物业服务时确实存在一定的瑕疵，为缓解双方的矛盾，促进天某物业公司重视物业服务质量，且双方合同中约定违约金过高，遂将违约金酌定为500元。

案例点评

物业服务合同的双方均应诚实守信地履行物业服务合同，物业服务企业应当为小区业主提供优质的物业服务，业主应当及时交纳物业费用，双方应协调配合，共同维护小区的安全、卫生与秩序。如果发生纠纷，也应当互相理解，互谅互让，采取实事求是的态度解决纠纷，尽快恢复小区的安宁与和谐。

物业服务费是物业服务企业运营的基础，物业费的收取具有公共属性，业主不能仅凭个人感受拒绝接受服务或不予交纳物业费，业主拒交物业费的抗辩应当限定在物业服务企业不履行物业服务合同，或者履行合同有重大瑕疵的情形。如果业主对物业服务不满意，就不交纳服务费，物业服务的质量肯定会无法维系，业主更不满意，使更多的业主不交纳物业服务费，从而陷入恶性循环，最终受损害的是小区的全体业主，这也不符合业主不交纳物业服务费的初衷。从另一个方面讲，随着业主对美好生活的需求日益增长，物业公司也不应只关注收取费用，而应不断提高物业服务的质量，满足业主对小区安全、安定与美好环境的需要。如果因为提供的服务质量瑕疵，造成了业主的人身及财产损失，物业公司应当承担相应的法律责任。本案例中，天某物业公司的服务质量确实存在一定瑕疵，但尚不足以构成对物业服务协议的严重违约，根据天某物业公司的违约程度，原审兼顾了双方的利益，对天某物业公司主张的违约金额进行调减，此种处理理念与方式，符合实际，有利于督促物业服务企业提升服务品质，化解双方的矛盾。

案例02：未经法定程序调整物业服务费，对业主不具有拘束力

📁 案例背景

××物业公司系××县××小区的物业公司，赵某系该小区业主。2012年11月2日，双方签订物业管理服务协议，该协议约定了双方的权利和义务，物业管理服务内容、物业管理服务质量、物业管理服务费用及违约责任等事项；但该协议未约定合同变更、终止等事项。2018年9月28日，××物业公司在××小区张贴了"物业费用调整公告"，对物业费做出调整。2018年10月至12月，××物业公司在××小区发放"××物业有限公司费用调整征求意见表"征求意见。2019年1月1日起，××物业公司开始按上调后的价格标准收取物业费用，因赵某拒交，××物业公司提起诉讼。审理中查明，××县××小区（一期），共有370户业主，建筑面积为48600多平方米，该小区未成立业主委员会。××物业公司在为××小区提供物业服务期间，对公司收益和支出情况未向该小区业主进行公示，该小区物业服务费用调价的相关事宜，××物业公司也未向政府有关物价部门备案。

《民法典》第二百七十八条规定，业主共同决定事项，应当由专有部分面积占比三分之二以上的业主且人数占比三分之二以上的业主参与表决。物业收费的调整，属于重大事项，应当经参与表决专有部分面积过半数的业主且参与表决人数过半数的业主同意。

本案中，案涉小区尚未成立业主大会及选举业主委员会，应当由当地居委会代行业主委员会职责。物业公司应在当地街道办事处、乡镇人民政府的指导和监督下，与广大业主充分协商，对物业服务费的调整进行充分调查，广泛征求全体业主意见，并将调查结果向社区居委会和街道办事处进行报告，在经社区居委会及街道办事处均对调查结果予以认可，并同意上调小区物业费的情况下，进行物业管理费的调整。因此，法院驳回了××物业公司调价部分的诉讼请求。

案例点评

物业服务收费是物业服务企业提供物业服务、小区正常运转的基础。物业服务收费应当遵循质价相符、公平公开、合理诚信的原则。物业服务企业应当依据合同约定提供物业服务并收取物业服务费用。收取合同约定以外的费用，缺乏合同依据，不应当支持。但是在物业服务成本上涨的情况下，根据市场变化，可以申请调整物业收费标准。物业服务费的调整涉及广大业主利益，应当遵循正当程序，确需调整的，物业服务企业应当与业主委员会充分讨论协商，并经业主大会同意；没有成立业主大会的，则需经专有部分占建筑物总面积过半的业主且占总人数过半的业主同意，否则，将不能得到法律的支持。

案例03：宠物丢失，业主拒交管理费

案例背景

某花园业主办理了入住手续，签署了"住户交纳物业管理费承诺书"和"遵守管理公约承诺书"，承诺每月15日前交纳服务费，逾期每日加付千分之三滞纳金等。入住不久后，该业主因家中宠物丢失，对物业公司的服务质量不满，从而拒付物业服务费用。物业公司遂把该业主告上法庭，请求法庭判决该业主支付物业服务费用及滞纳金共计2400多元。

案例点评

该业主应当支付物业服务费用及滞纳金。根据"住户交纳物业管理费承诺书"和"遵守管理公约承诺书"，该业主承诺每月15日前交纳服务费，且该承诺书是有效的。至于家中宠物丢失，物业公司服务质量不好等事项，该业主应另行举证证明物业公司有责任，并另行起诉。

案例04：因新买房屋漏水，业主拒交物业管理费

案例背景

陈先生看中了某处商品房的顶层，在一次性付清全部房款后顺利入住，

同时向物业公司交纳了当年的物业管理费。入住两个月后雨季来临，几场大雨之后，陈先生发现天花板有雨水浸湿的现象，后来竟然发展到漏水的地步，陈先生于是找到物业公司报修。物业公司通知了原施工单位，原施工单位重新在楼顶做了防水处理。陈先生此时已经对现在的房屋有些反感，经和开发商协商后准备换房，但是双方对漏水造成的损失赔偿产生了争议。

陈先生认为，自己购买房屋就是为了栖身，现在由于漏水无法栖身，并且自己的装修也遭到破坏，这都是开发商造成的，所以准备不再交纳第二年的物业管理费和供暖费。

开发商认为，自己出售的房屋有质量问题是事实，也愿意赔偿陈先生的经济损失，并且已经同意为陈先生调换房屋，开发商和陈先生之间没有纠纷。

物业公司认为，自己已及时联系维修房屋，并且房屋存在质量问题也不是物业管理不到位，陈先生不交纳物业管理费他们无法接受，并且，这个小区是由小区外的供热厂供热，统一供暖时间已到，假如陈先生不交纳供暖费，他们就要受到经济损失。

因为三方对债权、债务没有任何异议，于是一同找到律师咨询，最终在律师主张下达成书面协议，由开发商向物业公司支付陈先生下年度的物业管理费，陈先生不再向开发商要求赔偿，同时陈先生向物业公司支付本年度供暖费。

📇 案例点评

新买房屋漏水属于房屋质量问题，责任在开发商，所以，业主不能以此为由拒交物业管理费。在此案例中，物业公司积极联系开发商解决此问题是非常正确的。另外，物业公司和开发商是两个独立的单位，因而不能接受陈先生所提的用开发商的赔偿款来抵冲物业管理费。不过为了减少不必要的财务转换环节，用实测面积后发生的退款冲抵物业管理费是完全可以的，但是不要忘记事先协商一致，以免日后产生纠纷。

案例05：早期免收维修费用，后期正常收取产生的纠纷

💼 案例背景

某小区入伙之初，管理处考虑到业主乔迁初期开支较多，主动给予了优

惠，对大多数户内维修暂时采取了无偿提供的方式（没有公告）。

入伙满一年后，鉴于小区的经济运行状况，管理处决定按照法规规定，开始据实收取户内维修费用。这本来是合情合理的做法，却遇到了不小的阻力。

为了突破阻力，管理处起草并在公告栏张贴了"致业主的一封公开信"。信中引用物业管理法规的规定，向业主讲明了物业管理费的开支范围和有偿服务与无偿服务的详细范畴，并说明了当初无偿提供户内维修的初衷。这使大多数业主消除了"交了物业管理费，管理处就应包办一切"的想法，对户内维修有偿服务表示认同。

针对个别业主的不理解，管理处继续深入工作。一方面，要求客服人员耐心接受业主的询问，进一步加以解释；另一方面，要求维修职员上门维修时必须保证时效和质量，同时加强与业主的沟通。

与此同时，管理处还公开了户内维修的收费标准，并告知业主有选择服务商的权利。这样，就逐步理顺了所有业主的情绪，有偿户内维修也就轻松地落实下去了。

📖 案例点评

物业管理的很多实践都证实，没有业主的理解和支持，即使依法照章办事，也难为之。从这个意义上讲，一个好的物业管理人员，首先应当是一个好的思维工作者。

案例06：住户以维修未使用任何材料为由拒交维修费用

💼 案例背景

去年年底，某大厦8楼一住户洗菜池下水管堵塞，电话委托管理处维修部门疏通。维修人员及时赶到现场。由于下水管堵塞严重，在8楼疏通不开，只能转到7楼，从下水管检查孔反向往上清疏。经过3个多小时的努力，管道彻底疏通了。疏通中从下水管里掏出不少沙子、白灰和油漆块，证明堵塞是该住户装修造成的。谁知当维修人员收取80元维修费用时，该住户以维修未使用任何材料为由，拒不交费，并振振有词地说，自己装修完刚入住，别的楼房都有一年保修期，他也应当住满一年后再交费。

情况反映到管理处，主管领导上门做工作。首先，征询该住户对维修人员文明用语、工作态度、维修质量的意见，他均表示满意。然后，耐心地向他解释入伙与入住、公用部位与自用部分的区别，并依据有关法规向其说明，大厦已入伙多年，早就不存在保修期，室内维修发生的包括人工费在内的所有费用，都要由业主（住户）承担，并在核对这次疏通下水管工作量的基础上，进一步申明收取80元维修费，已给予了相当的优惠。这位住户觉得主管说得有理有据、合情合理，便愉快地交付了维修费用。

📑 案例点评

维修费用包括材料费用和人工费用等，业主以未使用维修材料拒绝交付维修费用的理由不成立。本案例中，下水管道维修范围处于业主室内，属有偿服务范围，其堵塞显然是业主装修期间，不按装修管理规定，对下水管道使用不当造成的，其责任完全应由业主承担。

至于业主提出的保修期问题，首先要弄清保修期时效的计算。房屋保修期的计算，是从业主办理入伙手续之日起计算时间，与业主入住到房屋的时间无关，因此，业主所说刚刚入住的理由也不成立。物业公司应根据业主办理入伙手续的时间计算保修期，依据实际情况酌情妥善处理。从物业管理的实际看，即使在市场已经相当发达的地区，也有相当一部分业主（住户）对物业管理法规缺乏足够的理解。物业公司应当善于利用多种渠道做好宣传工作，向业主（住户）普及物业管理法规知识。通过提高他们对物业管理的认知度，为物业管理服务的顺利实施铺路。本案例中，如果在弄清维修范围后，事先告知业主应收取的费用，就不会出现纠纷了。

案例07：租户欠交物业管理费，物业公司能否向业主催收

💼 案例背景

某年8月，某业主与王小姐签订了一份房屋租赁合同，把自己的一套房子出租给她，租期为2年。合同除了对租金及支付期限作了约定外，还约定物业管理费由王小姐承担。前几天，该业主收到物业公司的催款函，说已欠

付近一年的物业管理费。为此业主投诉，称租赁合同中已约定由房客交付物业管理费，物业公司不应再向业主催款。

物业公司接到业主投诉后，向业主说明：根据规定，物业公司按照其与业主签订的物业管理服务合同提供物业管理服务后，有权按照合同向业主收取约定的物业费。对业主来说，在接受了物业公司提供的物业管理服务后，有义务按约定支付相应的物业费。在房屋出租期间，房东应将出租情况及时书面告知物业公司，物业公司可根据房东和房客对物业费交付的具体约定向有关义务人收取物业费。也就是说，若租赁合同约定由房客支付物业费，物业公司可直接向房客收取，但业主要承担连带责任；若租赁合同对物业费由谁支付没有约定或者约定由房东承担的，那么物业公司应直接向房东收取。同时，还应提醒业主在房屋对外租赁时，应到物业管理处履行必要的手续，以便物业公司掌握业主的租赁情况，配合业主做好租赁管理工作，这样就可避免此类问题的出现。

业主觉得物业公司说得在理，于是将一年的物业管理费付清，同时向王小姐进行追偿。

案例点评

在遇到这一类问题时，首先要熟悉相关的法律法规，用法律法规来说话。另外，为避免此类问题的出现，物业公司应该把工作做得更加细致，也就是说，对辖区范围内的租赁情况应该登记，做到了然于胸。

案例08：物业管理财务费是否要保密

案例背景

张老先生在某高层住宅买了一套房屋，花去半生积蓄。谁知入住后，张老先生发现买房费用只是一个开始，还要交维修基金、管理费押金、装修保证金等。这些都交齐后，本以为可以安心居住了，谁知物业公司又发通知交这个费、那个费。张老先生非常疑惑，到管理公司去询问费用的去向，并要求管理公司提供财务支出账目。物业公司财务人员回答："财务支出是商业秘密，只可以向业主委员会公开，不是每位业主都可以了解的。"张老先生非常气愤，先是向管理公司投诉该财务人员，又到政府主管部门投诉管理公司乱收费，还发动邻居拒交管理费。

政府主管部门、业主委员会在接到投诉后，先后对物业公司进行审查。经核实，该物业公司并未乱收费，但要求管理公司尽快向业主交代明白费用的收取情况。

物业公司重新修订了财务公开制度，每季度一次，向全体业主公布费用开支情况。

同时，物业公司对处理此事的财务人员进行教育，要求其耐心对待业主询问。物业管理公司主管还登门向张老先生道歉，告知公司的财务制度已修订，并提醒张老先生注意每次的财务公告。

案例点评

物业公司是全体业主的"管家"，一切工作都应在业主的监督下，特别是物业管理费的收取与支出，应定期张榜公布，以便让业主明白物业管理费的来龙去脉。业主虽然有财务监督权，但行使此项权利的方式并不是私人查账。

物业公司应明白，业主作为费用的支付人，有权利了解自己所交费用的去向。因此，物业公司应实行财务公开制度，定期公布财务报表。在此案例中，物业公司应向张老先生说明财务报表的公布时间，请张老先生留意。如果张老先生执意要查账，财务人员可让张老先生提请业主委员会委托专业的审计事务所审查。

案例09：收维修基金并非乱收费

案例背景

某高层住宅小区建于1996年，商品房预售许可证是在1998年10月1日前核发的。根据国家建设部、财政部颁布的《住宅专项维修资金管理办法》的相关规定，该小区物业管理处要求用户按购房款的2%交纳物业管理维修基金，引起了小区业主的投诉。业主认为维修费应从管理费中出，为什么还要交钱？再说就是交钱也应由开发商出，管理处是在替开发商转嫁负担。基于收取维修基金在业主中造成的反响过于强烈，管理处决定暂缓收取。

但小区内的电梯、消防设备已趋于老化，电梯困人现象时有发生，消防设备几近瘫痪，居民投诉不断。该物业管理处认为，维修基金还是应该按规定收取的，但一下子让用户交齐数额确实很困难。在与业主委员会协商后，决定分步筹集。先把收到的维修基金转入指定的代管银行建立专户，并按物业维修基金建立操作程序。不足部分，计划自建立首笔维修基金后，分几年筹集，要求业主每年续筹，直至达到规定数额为止。为减轻业主负担，物业公司决定从每月物业管理费盈余中提取部分资金作维修基金。同时，管理处利用所收到的维修基金有计划地对小区内的电梯及消防设备进行维修及更换，排除隐患。

案例点评

物业维修基金是维持物业状况的重要保证，不仅国家建设部、财政部颁布了《住宅专项维修资金管理办法》，很多省市也都据此制定了物业维修基金的收取办法。但现在很多早期入住的业主不肯补交这笔费用；而新建物业的开发商也迟迟不肯交维修基金。

正如案例所述，维修基金催收难，已严重影响了物业管理的正常开展。但该管理处的做法非常好，从业主的角度考虑问题，同时，按规定建立维修基金账户及收取、使用制度。管理处接下来的工作是向用户宣讲这些程序以及国家的法规，使用户了解维修基金在物业管理中的重要作用，以及收取维修基金的严肃性、规范性，这样，问题才能得到妥善解决。

案例10：房子没住，要不要交管理费

案例背景

赵先生购买了一套期房，在办理入住手续时，发现房屋内部存在不少细节质量问题，他认为该房没有达到入住条件，但因要举家出国，就在入住交接单上提出了自己的意见，并收了房门钥匙。半年后，赵先生回国发现，有关的细节质量问题仍未解决，而物业公司却发出了多份催交物业费的通知。赵先生觉得很冤，当初收房时就对房子不满意，这半年自己也没住，怎么还要交纳这么多物业管理费？

物业公司接到赵先生的投诉后，首先向他解释了《物业管理条例》中的

有关规定，只有开发商未卖出的房屋才可以减免部分管理费，而他的房屋不属免收之列，不但应足额补齐管理费，还需缴纳滞纳金。物业公司还把政府有关规定复印给赵先生，赵先生最后交纳了管理费。考虑到赵先生的特殊情况，经业主委员会同意，物业公司减免了赵先生的管理费滞纳金。

案例点评

认为房屋细节有问题，提出了自己的意见，但却收取了房屋钥匙，这种做法意味着赵先生已经认可房屋的交付使用了。面对赵先生的投诉，物业公司通过法律法规的规定来处理，并且，减免了管理费滞纳金，这样的做法合情合理，有利于问题的解决。其实，有时候，业主对物业管理法规不了解会导致其不愿意交费，这时，就需要物业公司做好耐心细致的解释工作。

案例11：业主要求下调管理费

案例背景

××花园由3栋高层住宅及8排带私家花园、独立车库，不带电梯（层高二层）的别墅组成，总户数约500户（其中别墅共32户）。2015年3月入伙，按房屋买卖合同约定，由××物业公司实施专业化管理，管理费为每月3.6元/平方米（包括别墅）。2018年11月，经区主管部门批准，小区依法成立了业主委员会。次月，小区业主委员会代表全体业主与原物业公司续签了为期3年的物业管理委托合同，合同约定管理费收取标准、范围不变。2020年5月，小区部分别墅业主以别墅无电梯为由，要求小区管理处按本市物业管理收费指导标准下调管理费，即由每月3.6元/平方米下调到1.6元/平方米，次月，有个别别墅业主以此为由拒交管理费。

小区管理处考虑到别墅确无电梯的实际情况，按照市物价局有关规定，以2019年全年小区内全部电梯的年支出电费及维修保养、材料消耗等总支出按小区收费面积分摊测算，测算出电梯的费用约为每月0.8元/平方米，即在小区每月每平方米物业管理成本中，电梯的支出约占0.8元。由此，小区管理处提出了拟将别墅业主的管理费收取标准扣除电梯运行费用每月0.8元/平方米的草案，并提交小区业主委员会讨论。

　　11月9日，小区业委会召开了有部分别墅业主参加的业主委员会扩大会议，就管理处提出的草案进行研究，会议议定以调查问卷的形式对是否调整别墅的管理费征询全体业主的意见。调查结果显示，有52%的业主同意别墅仍按原收费标准执行，管理费不做调整；有25%的业主同意别墅按每月2.4元/平方米收取管理费；有约23%的业主弃权。据此，小区业委会在2021年3月5日的会议上做出决议：小区别墅的管理费收取标准不变，要求别墅业主尽快交纳所欠的管理费及滞纳金。

　　小区管理处在接到业委会的会议决议后，按程序向欠费业主催收管理费及滞纳金，并多次上门做解释及说服工作，直至2022年3月份，个别别墅业主已连续欠费达12个月之久。负责小区管理的物业公司为保持小区的正常工作，维护自身的权益不受侵害，依法对欠费最多的4位业主提起诉讼。法院判决欠费业主支付物业管理费及相应滞纳金，同时，该案受理费也由被告负担。

案例点评

　　本案例中，从部分业主要求下调管理费，到小区管理处依照有关规定进行管理费重新测算，再到依法召开业主大会对小区业委会的审议草案进行投票表决，最终到法院判决，充分体现了小区管理处管理小区的法制意识，以及小区的管理由全体业主决定的最高原则。本案例告诫我们，物业管理无大小，只有在遵法、守法、学法、用法的前提下努力做到公正、公开、公平，才是解决物业管理纠纷的根本。

案例12：陈年老账，一次收清

案例背景

　　某小区F座一位业主自2015年3月办理了入伙手续后，一直没来入住，房屋空置至今。他除了在入伙时预交了3个月的物业管理费外，就一直没再向管理处交过任何费用。因一直联系不上该业主，管理处只好每月把催费通知单塞入门内，哪知该业主根本就没回来过。就这样，管理处经理换了一任又一任，管理费催了一年又一年，至今已经连续拖欠近6年之久。

自2021年4月份，杨经理到该小区走马上任后，他就把清理管理处的历年拖欠款项，列为了自己的年内主要工作目标。因为历史遗留的原因，小区存在很多拖欠的管理费。杨经理通过统计、调查、了解和分析，发现这些拖欠款项每笔都连续超过两三年了，甚至还有连续拖欠六七年之久的陈年老账，且数额不小。在这些拖欠费中，管理处并无过错，责任几乎都在对方。为此，他对清理欠款有了必胜的信心，便决定开始全面清收所有的拖欠款项。

对于裙楼商铺故意欠费的问题，他一方面主动上门与商户沟通，并针对商户提出的意见，积极改进管理和服务工作；另一方面督促商户尽快补交拖欠的管理费并按时交纳管理费。经过一年多的沟通协调，在两商户仍无理拒交管理费的情况下，管理处经请示公司已经付诸司法程序解决。

而对于F座业主的欠费问题，在无法与该业主取得联系的情况下，杨经理查阅该业主办理入伙登记时的档案资料，找到了他的居住地址。当了解到该业主居住在外地时，杨经理又积极与上海分公司的领导取得联系，希望他们给予配合与支持，协助查找该业主。通过上海分公司的努力，终于找到了业主本人，并将相关催费通知转告了该业主。同时，杨经理隔三岔五地拨打该业主的手机和固定电话，然而，该业主仿佛是有意要考验杨经理的毅力，每次电话中都答应会过来交清费用，却没有一次兑现。尽管如此，杨经理仍不放弃，继续穷追猛"打"（电话），不厌其烦地与其软泡硬磨，一次次耐心地向其解释物业管理法规中对空置房收费的相关规定，以及继续拖欠管理费所需承担的法律责任和后果，由此打消了该业主拖欠费用的幻想。

最终，该业主委托其朋友把所欠费用全部一次性交清了。

案例点评

杨经理的百折不挠终于使陈年老账得以收回。从这一案例中我们可以得到以下一些经验：

1.对于拖欠费问题，及时催收才更有利于问题的解决。回避或坐等问题自行解决，都只会使问题越拖越复杂，从而变成久拖不决的难题。只有正视问题，采取积极主动的方法，才能使问题得到及时解决。

2.对于久拖不决的商铺欠费问题，应大胆地采取法律手段进行解决。因为这不仅关系到公司的收益，还关系其他正常交费业主的利益。

3.面对业主不予配合甚至有意刁难的消极态度，不应轻易放弃。要坚定信念，不达目的绝不罢休。锲而不舍、不厌其烦、最终定会有所收获。

案例13：物业公司以业主欠费为由拒绝清理生活垃圾

📋 案例背景

某年9月，××小区大门前，出现了一道很不雅观的"风景"：生活垃圾堆成小山，污水流淌，臭味弥漫。

问其缘由，物业管理处说，因为小区500余户中有100多户业主两年多来一直未交管理费，物业管理处没有经费支付清洁工人的工资，于是从今年8月20日开始，停止清理垃圾。待业主委员会把欠费问题解决以后，管理处才能组织工人清理垃圾。

该小区业主则另有说法：物业管理处所讲的有100多户没有交费，实际上其中有一部分是空房子；再说了，即使有一些业主没有交费，管理处也应该通过其他途径设法解决，而不应该让广大住户受到"株连"式的影响。

📑 案例点评

物业管理是一种微利型服务行业，物业管理费是物业公司运行的基础。在大多数业主交纳管理费的情况下，物业管理处停止处理垃圾，采取"株连"的方式是错误的，所以，本案例主要的责任在物业公司。对某些不交管理费的业主，物业公司可以采取以下的方式：一是协商，二是调解，三是仲裁，四是诉讼。物业公司采取"株连"方式，不仅会侵害交纳管理费的业主的合法权益，引起其他业主的不满和批评；同时，也会降低公司的美誉度，对公司以后的业务，将造成一定程度的影响。可以说，该物业公司的做法，得不偿失。

案例14：户内维修，费用应由谁来承担

📋 案例背景

彭小姐2019年3月买了一套商品房，装修后于6月住了进去，各项设施使用和运行状况良好。但2021年8月，彭小姐发现卫生间的水龙头开始出现漏水现象。由于滴漏并不严重，并没有引起彭小姐足够的注意。直到有一

天，她发现紧邻卫生间的卧室墙面已经被水浸湿，墙身发霉，乳胶漆剥落。彭小姐来到物业管理处，要求管理处无偿为其维修水龙头及墙身。物业管理企业提出，可以为其维修水龙头及墙身，但是一定是有偿的。

物业管理处向彭小姐耐心地解释，按照国家《房屋建筑工程质量保修办法》的规定，给排水管道、设备安装的保修期为2年。彭小姐两年后发现水龙头漏水，这时已过了保修期，水龙头应由住户自行维修更换。同时，"物业管理委托合同"中有明确规定：业主委托给物业公司的，是房屋建筑共用部位、共用设施设备的维修、养护和管理，住户单元内的维修不属于房屋建筑的共用部位或共用设施设备。因此，其维修费用不应由物业公司来承担。如果住户不能自行维修，物业公司可以为住户提供有偿的维修服务。彭小姐一家最终同意物业公司收取一定的维修费。

案例点评

物业公司有偿服务的要求是正确的。在这次事件的处理过程中，物业公司有理有据地运用相应的法律规定与物业管理合同，获得了业主的认可。所以，在物业管理工作中，一定要熟悉相关法规和合同的内容，依法进行管理。

案例15：车子被盗，不能作为拒交物业费的借口

案例背景

小罗住在一小区内。2017年初，他的电动车和自行车先后在小区内被盗，于是找物业公司索赔。小罗称，当时物业管理处主任口头答应抵扣1800元的物业管理费，于是从当年2月起至2021年底，小罗一直不交物业管理费，也未付水费和电梯公摊电费。

物业公司统计发现小罗总共欠费达3000多元。经催讨无果后，物业公司将小罗告上法庭。法院经审理认为，当事双方之间的物业服务合同合法有效。小罗拖欠物业服务费属于违约行为，应承担相应的法律责任。至于他提到的应抵扣1800元物业管理费的主张，由于未能提供相关证据证实，法院不予支持，所以小罗应支付物业管理费。

案例点评

车子被偷、财务受损等目前已成为许多业主拒交管理费的借口，但这并不是其拒交物业管理费的合法理由。物业公司提供了服务，业主享受了服务，就应该交管理费。在本案例中，物业公司并没有因业主欠物业管理费采取停水、停电等措施，而是在催讨无果的情况下，诉诸法律，这是非常正确的做法。

案例16：管理费调高，服务也要相应提升

案例背景

建于20世纪80年代的××花园是某地首批商品房之一，也是第一个花园小区。2008年后，政府引进现在的物业公司——AA物业管理有限公司，管理费不高（政府有一定的补贴），每月只有1.2元/平方米。但从2020年1月开始，政府不再补贴，物业公司每月都要亏损四五万元，于是物业公司提出了上调管理费的要求，这自然遭到多数业主的反对。为此，物业公司做了大量工作：

（1）与业委会充分沟通协调，将近几年管理处的账目交给业委会审核，获得了业委会的支持。

（2）针对多数有意见的业主，管理处采取主动上门、开茶话会的方式，做了大量沟通工作。

（3）在1月至8月准备调价的阶段，管理处一直没有在人员上进行减裁。相反，在8月份正式调价后，管理处新增了2名保安、1名维修员、1名下水道疏导员、2名清洁员，以提升服务质量。

在业委会、业主和物业公司多方协调下，管理处在8月份正式上调收费标准，目前交费的业主达80%以上。

案例点评

管理费调高之所以能够成功，且没有出现太大波折，跟管理处主动出击，提高管理水平和服务质量有关。同时与业委会的工作公开、透明、按程序走也是分不开的。

案例17：没收到钥匙，可不交物业管理费吗

案例背景

刘先生几年前购买了两套某小区的商品房，之后，小区开发商委托某知名物业公司担任小区的前期物业管理。2018年12月9日，刘先生在交房之前就先于其他业主取得了小产证，房产商已将该套房屋的产权过户到刘先生名下。2020年6月1日，小区正式交付。收到开发商的交房通知后，刘先生与家人前去物业公司办理入户交接手续，签收了"××小区物业管理相关事项的备忘录""文件签收、紧急联络单""入住手册""入住联络册"等资料，并且还在联系册上登记了联系电话号码。但是，刘先生却没有从物业公司处收到钥匙，而事后，物业公司也没有通知刘先生前去领取钥匙。

不久，物业公司通知刘先生交纳物业管理费，而刘先生以没有拿到钥匙、房屋未交付为由不愿意支付物业管理费。于是，物业公司将刘先生告上法庭，要求其支付拖欠的物业管理费及滞纳金。但是，这样的诉讼请求却并没有得到一审法院的支持。法院认为，只有真正"交付"才是交纳物业管理费的前提，而"交付"必须是拿到钥匙，并且物业公司有责任把钥匙交到刘先生手上。

案例点评

法律规定，开发商或物业公司有义务告知业主前来办理房屋交接手续。但至于业主是否来领取钥匙，则不是物业公司能够决定的。在本案例中，业主在1年半的时间里不来领钥匙，物业公司也没有通知，双方都有一定的责任，不能由一方承担。该案的判决引起了许多争议，在此我们不评说。这里想讲的是，既然有这种情况出现（尽管是少数），物业公司就应该从中吸取教训，在办理房屋交接手续时避免类似的风险发生。

案例18：物业公司撤走，业主所交余款该退给谁

案例背景

2017年，某开发商在××市新建了一处楼盘。由于当时小区还没成立业

主委员会，开发商便与一家物业公司签约，委托其负责小区从2017年9月至2019年9月的物业管理。

物业公司进入小区后，两次向业主收取公共维修基金、水电周转金和楼道修补费、防盗网修补费。

2017年12月，物业公司退出小区后，将收取的公共维修基金、水电周转金和楼道修补费、防盗网修补费等余款移交给开发商。小区业主认为，物业公司收了不该收的钱后，又擅自将所收费用移交开发商，遂对物业公司提起诉讼。

庭审中，物业公司辩称，公司退出小区前，已将业主交费的余款交给开发商。因此，业主应告开发商，让开发商退款。

中院经终审审理认为，物业公司应承担擅自移交款项的法律后果，并将钱退给业主。

案例点评

根据相关法律规定，在业主、业主大会选聘物业公司之前，建设单位选聘物业管理企业的，应当签订书面的前期物业服务合同。因此，开发商与物业公司之间签订的物业管理委托合同合法有效。物业公司退出该小区管理时，将所收费用退给开发商，实属不当。因此，物业公司应当承担擅自移交款项的法律后果，将钱退给业主。

案例19：小区绿化不到位，业主拒交物业费

案例背景

几个月前，家住某小区的王先生因拖欠一年的物业管理费被物业公司起诉到法院，后者要求他支付拖欠的物业管理费（7245.6元）及滞纳金（978.16元）共计8223.76元。王先生称，他入住小区已2年零8个月，但其所住的8号楼东、西、北三面目前仍是荒草一片，根本谈不上绿地维护和覆盖率。按照有关规定，他有权减交物业费。

法院对现场进行了实地勘验，王先生所在楼房的东、西、北三面均未见到任何形式的绿化。法院认为，物业公司依照约定，为王先生提供了物业服务，王先生应如期交纳物业管理费。但鉴于王先生居住的楼房周围没有绿

化，物业公司不应向王先生收取绿化养护费。王先生未交纳物业费是因物业公司在服务过程中存在瑕疵，不是无故恶意拖欠。因此，物业公司要求王先生支付滞纳金的主张，法院不予支持。

案例点评

收取了相应的费用，就应该提供相应的服务，如果没有提供相应的服务，就容易让业主有借口拒付管理费。尽管通过法律程序可以胜诉，然而，诉讼并不是一件轻松的事，为何不在平时就提供更好的服务呢？

案例20：没有签订服务合同，业主拒交物业管理费

案例背景

2020年10月，某小区的物业公司把业主刘某诉上法庭，要求其交纳2019年1月至2020年9月的物业综合服务费1908.94元。原审法院认为，物业公司作为物业管理企业，对住宅小区内房屋建筑及附属配套设施、场地、周围环境等以经营方式进行了统一的维修和服务，刘先生作为物业管理受益人，根据权利与义务相一致的原则，理应履行交纳服务费的义务。故判决被告应交纳所欠的1908.94元物业综合服务费。刘先生对判决不服，再次上诉至中院，他认为，业主虽然接受了物业管理的委托，但并未与物业公司签订物业管理合同，因此他们之间的委托不能成立，无义务交纳费用，故请求法院撤销原判。

经法院调查，刘先生2017年入住该小区住宅，建筑面积为45.91平方米，该住宅原由××房地产开发公司物业管理部负责管理，2018年12月，该物业管理部更名为现在的物业公司，××房地产开发公司将包括刘先生住宅在内的小区物业也移交给该物业公司，移交后双方未签订物业管理协议书。

法院认为，双方权利义务关系的产生应当按照民事法律规范进行，物业公司虽然取得了物业管理资质，对上诉人所居住的小区进行了管理，但未按照法律规定与上诉人签订委托管理合同，刘先生也未以任何形式委托物业公司进行管理。按照有关规定，小区物业管理应成立业主管理委员会，委员由业主代表选举产生，且实施物业管理时必须签订协议。刘先生虽然交纳过费

用，但系交给了房地产公司物业管理部而非现在的被上诉人，如果现在的被上诉人在接管后确有费用发生，也应在小区成立业主管理委员会，对所发生的费用进行核算后才能确认。

案例点评

有些情况难以预料，所以，物业公司在业主办理入住手续或者接管物业时，一定要谨慎地签订物业服务合同，从而避免类似风险的发生。

案例21：物业公司单方增加物管费，业主不认可

案例背景

某物业公司因增加治安保安员，实行24小时巡逻，便提高了每户的物业管理费，同时贴出告示，告知全体业主（住户）。物业公司在事先未征求业主意见的情况下，擅自将物业管理费提高，引起了一些业主的不满，于是出现了拒交物业管理费的情况。

案例点评

物业公司未征求业主委员会同意，单方面提高服务收费标准，确实欠妥。虽然有些地区的管理公约明确规定，物业公司通过成本核算，发现管理费收入确实不足时，有权增加管理费；但在增加管理费时，应召开业主委员会，说明情况，征求意见，在获得同意的情况下方可实行。

案例22：管理费不等于维修费

案例背景

维修工小梁接到报修电话后，很快来到业主家，经了解，该房间刚装修完，经常跳闸。小梁用万用表检测出照明线和插座线都短路，需要进一步查

线。按规定此属收费项目，为了避免事后麻烦，小梁就提前给业主打了招呼，业主很干脆地一口答应了。

小梁马上投入工作，仔细检查后发现了两处故障，当即进行了处理，处理完毕后其将线盒、配电箱等恢复原状，又请业主把电器打开试了一遍，待业主确认一切正常后，向业主收取50元维修费。

"这还收什么钱？这么简单的活我都会，还用得着你，我们每个月几百元的管理费都干什么了，干点活还要收费。"业主很不满意地对小梁发了一顿火。

管理费？原来业主对管理费的概念不清楚，以为管理费就是维修费。小梁赶快向业主解释管理费的概念和用途。听完小梁耐心的解释，业主不好意思地说："真对不起，刚才我有点急躁，听了你的解释，我就懂了。"

"没关系，是我们的工作没有做到位，才让您误会了！"小梁诚恳地回答道。从业主家回来，小梁手里的派工单上业主意见一栏写的是：非常满意。

📋 案例点评

业主不是物业管理专业人员，所以应该允许其不清楚具体的管理规定，就是其发脾气也可以理解的；但物业管理处的员工如果不懂就比较麻烦了。碰到这样的情况，若解释不清楚，不仅不能给业主满意的答复，同时也会给业主留下管理人员不懂专业的坏印象，让业主对公司产生不信任。所以，熟练掌握和运用物业管理法规和专业知识，是物业管理从业人员的基本技能。

案例23：耐心疏通堵塞的地漏，业主甘愿付款

💼 案例背景

某年农历正月初四上午，维修班小金接起报修电话："新年好！管理处，请问有什么事可以帮到您？"

"你好，我是××阁×楼×座业主，我家厨房小阳台地漏往外冒水，请帮忙修一下。"

"没问题，小姐，请您稍候，我们马上派人上去，再见！"

小金马上带着吸泵在5分钟内赶到了业主家，到房间一看，厨房小阳台

已积了一寸多深的污水，且腥臭的污水还在不断地涌出。小金试图用吸泵抽通地漏，但十多分钟过去了，小金忙出一头汗，地面的污水却没有一点动静，看来只有另想解决办法。

"小姐，这个地漏堵得很死，吸泵无法通开，一定要用机器才行，但按管理规定要收80元费用。"小金满脸歉意地对业主说。

"我家洗衣机这几天都没有用过，怎么可能是我家地漏堵了，一定是主下水管的事，没道理由我家付钱。"业主一听就叫了起来。

"您家厨房洗菜盆下水和阳台的地漏是连通的，共用一个出口，若您家的洗菜盆堵塞，污水也会从地漏冒水。"小金耐心地解释道。

但业主一口咬定不是她家的事。小金见此情况一句话也很难给业主讲清楚，而且正是过春节的喜庆日子，不能让业主不高兴。所以小金采取了迂回的策略：告诉业主疏通管道是要收费的，但对她是否可以降低收费标准或免费，自己没有权力做主，要向管理处请示（管理处有规定，特殊情况可以降低，但要经过领导批准）。

于是小金回到维修班，向班长汇报了情况，话音刚落，管理处办公室的电话就打来了。原来业主已投诉到办公室，说维修工不想干活，故意抬高价格。经过维修班内部协商、办公室与业主的再次沟通，最后商定收费50元。

小金又带上机器第二次赶到业主家，由于机器较难通过地漏存水弯头，同时为了证明是业主家自己的下水堵塞，小金有意从洗菜盆下水口将疏通带打下去，结果立竿见影，阳台的积水很快从地漏流走了。

在事实面前，业主这才相信是自己家的地漏堵了。

案例点评

在此案例中，维修工小金聪明地采取了迂回战术，没有就到底是谁的责任与业主争执不休，而是最终用事实说话，使业主信服。

所以，物业管理人员在物业管理与服务工作中要了解业主的心理，业主家里发生故障，上火着急的是业主，既然他不承认是自己的责任，又不愿支付维修费，不妨先冷冷场，兜兜圈子。当业主无能为力时，除非另外请人帮忙（还要担心上当受骗），否则最终还是要找管理处来解决。这里有两个关键点要注意：

（1）微笑服务。自始至终要讲礼貌与礼节，不能失礼于业主，更不能发生争吵，否则授人把柄，落人口实。

（2）掌握分寸。有时候必须要有管理处的其他人员（最好是维修主管）作为第三方出来打圆场，从中协调，既给业主台阶下，使业主觉得不失脸面；又能解决业主家的实际问题。千万不可因小失大，损害营造多年的良好社区公共关系。

案例24：原业主拖欠管理费，新业主能否办理入住手续

📁 案例背景

段某于2022年4月8日通过法院委托拍卖的方式购买了某花园18栋的一套住宅。同年4月26日，段某持法院裁定书到小区管理处办理入住手续。管理处要求段某交纳该房从2020年8月至2022年4月拖欠的管理费共计人民币13600元。段某认为，2022年4月之前的管理费与自己无关，应当由原业主承担。管理处认为，管理费因管理房屋而产生，只要是业主，无论是新业主还是老业主，都有义务承担此费用，如果段某不付清欠款，管理处则不予办理入住手续。段某于是要对该房进行换锁，但遭到管理处保安员的阻拦。此后，段某多次与管理处交涉，管理处均以相同理由阻止段某入住该房。于是，段某向人民法院起诉称，原告有权自由进入自己购买的房产，被告的行为侵犯了原告的人身自由权，导致原告在购买房产一个多月后仍无法入住，给原告造成了精神损失，请求人民法院：（1）判令被告赔偿原告精神损失费人民币1000元；（2）判令被告为原告办理入住手续；（3）判令被告按每月人民币2000元的标准赔偿原告的房屋租金损失，从2012年7月26日计算至被告为原告办理入住手续之日。物业公司则辩称，原告未履行付清管理费的义务，被告有权拒绝为其提供物业管理服务。

最终，双方达成了和解协议，原告向被告支付管理费人民币7239元，被告为原告办理了入住手续。

📋 案例点评

管理处拒绝为段某办理入住手续的行为不合法。《物业管理条例》第四十一条规定："业主应当根据物业服务合同的约定交纳物业服务费用。"本案中，段某于2022年4月通过竞拍购买的方式取得了某花园18栋房产的所有权。此前，段某并非该房产的所有人，即非业主。因此，段某对涉案房产2022年4月之前的管理费没有给付的义务（除非段某在竞买时承诺自愿承担此笔费用）。物业管理费

属一般债权，不具有物权的性质，因此，管理处关于无论新老业主均有交费义务的主张没有法律依据，以此为由拒绝为段某办理入住手续是违法的。

在本案例中，值得注意的是，当出现业主长期拖欠管理费的情况时，物业公司应当及时向欠费的业主主张权利，切不可采取本案例中的做法，否则将承担极为不利的法律后果。同时，物业公司可以在房屋拍卖前向法院主张债权，请求将原业主拖欠的管理费加入到房屋价值的计算当中。

案例25：物业服务合同终止后，业主是否需要支付管理费

📁 案例背景

G公司与某大厦建设单位签订了"前期物业服务合同"，约定合同期限为3年，从2019年1月1日至2021年12月31日。2021年3月，该大厦成立业主委员会。同时，经业主大会决议，通过公开招标的方式重新选聘了H公司，并与H公司签订了为期3年的物业服务合同。同年12月，业主委员会书面通知G公司，要求其于2022年1月1日退出物业管理区域。G公司认为大厦业主委员会组织召开的业主大会违反了法律规定，故拒绝退出物业管理区域。在政府主管部门的协调下，G公司于2022年3月31日退出。2022年10月，G公司将该大厦业主陈某告上法庭，要求其支付2022年1月至2022年3月的管理费共计人民币4200元。陈某辩称：（1）原告的合同期限至2021年12月31日届满，其无权收取2022年之后的管理费。（2）原告服务质量差，无权收费。大厦经常停电、停水、电梯无法正常运行，且原告的财务管理混乱，拖欠水电部门费用，业主交纳的各项费用不知去向。（3）原告主张2022年1月至2022年3月的管理费已超过法定的诉讼时效。请法院依法驳回原告的诉讼请求。

📑 案例点评

此案例中，原告无权向被告收取2022年的管理费。原告的物业服务合同于2021年12月31日终止，业主委员会已经书面通知其于2022年1月1日退出物业管理区域。

现实中，物业公司提供事实管理服务可分为三类：第一类是前期物业服务合

同期限届满后，小区未成立业主委员会，建设单位未与物业公司续签前期物业服务合同导致的事实管理；第二类是业主委员会与物业公司签订的合同到期后，业主委员会未与物业公司续签合同产生的事实管理；第三类是物业服务合同期满后，业主委员会通知物业公司限期退出物业服务区域，物业公司拒不退出形成的事实管理。对于前两类事实管理，因建设单位或业主委员会未明确要求物业公司终止服务，因此，可以推定建设单位或业主同意接受物业公司提供的事实管理服务，业主有义务按原合同标准支付管理费。而对于第三类服务，最高人民法院《关于审理物业服务纠纷案件具体应用法律若干问题的解释》第十条规定，物业服务合同的权利义务终止后，业主委员会请求物业公司退出物业服务区域，移交物业服务用房和相关设施，以及物业服务所必需的相关资料和由其代管的专项维修资金的，人民法院应予支持。所以，此案例中的业主没有义务按原合同标准支付管理费。

案例26：物业维修资金不得擅自动用

📋 案例背景

某小区业主入住达到一定比例时成立了业主委员会，后经业主委员会决议，解聘了开发商自己成立的物业公司，另聘其他物业公司进行物业管理。不料，原物业公司将其代收的房屋修缮基金移交给业主委员会时，擅自扣除了18万元，称这笔钱已用于小区交通车的修理、绿化补种、避雷装置检修等项目上了。

业主委员会认为：在房屋的两年住宅保修期内，物业公司不应该用房屋修缮基金来支付以上项目的费用。即使过了保修期，上述项目也不属于修缮基金的支付范围，业主们已另交了物业管理费等费用，原物业公司应该退还这笔钱。原物业公司认为：避雷装置属于共用设备，不属于两年保修范围；绿化补种及交通车的修理，理应从物业管理费中支出。但是，小区物业管理的成本为每月每平方米1.6元，实际只收1.2元，两年共亏损100万元左右，业主应以此款项抵消物业公司的亏空，所以不应交出已扣除的修缮基金。

由于双方不能达成一致意见，业主委员会便将原物业公司告上了法庭。法院判决原物业公司返还业主委员会已扣除的修缮基金18万元。

📑 案例点评

物业公司不可因亏空挪用修缮基金。根据《物业管理条例》第五十三条的规定，物业维修基金从产权的角度来讲归全体业主所有，经业主大会同意后，物业公司才能动用这笔基金。在业主委员会成立之前，该基金可由政府行政主管部门负责管押。一般不应由物业公司直接掌管，因为这笔基金是永久性存在的，而物业公司只是受业主大会委托在一定时期内管理该物业。

实践中，为了防止物业公司的短期行为，避免解聘物业公司而影响修缮基金的安全，必须由业主委员会负责该基金的使用。当物业公司需要使用时，应提出使用计划和预算，报业主大会及业主委员会批准，并且在使用过程中，接受业主委员会和银行的监督检查。

案例27：赠送的物业管理费由谁来支付

💼 案例背景

张先生在某花园小区买了一套商品房，在购房的同时，开发商承诺赠送三年的物业管理费。张先生很高兴地与开发商签约。入住后，张先生才发现物业公司与开发商是同一家公司，其管理服务质量低劣，服务范围太窄，而且尚未取得主管部门授予的资格。

一年后，小区成立业主委员会，业委会要求该小区物业公司增加服务范围，提高服务质量。而物业公司则要求征收物业管理费，取消原赠送协议；如果业主委员会更换物业公司，赠送的物业管理费要由业主自行支付，开发商和物业公司均不再承担。双方协商不一致，于是，小区的业主委员会以开发商和物业公司违约为由将其告上了法庭。

法院认为开发商和物业公司违背了诚信原则与合同实际履行原则，构成违约，且其下属物业公司不具备管理资质，因而判处业主委员会另聘物业公司，两年的物业管理费由开发商支付。

📑 案例点评

本案例中，开发商与业主签订物业管理条款。其实，从法律的角度来看，开发商是不能与业主签订除前期服务合同约定以外的物业管理条款的。

此案例中，物业管理承诺引发的法律后果，应该由开发商来承担。《民法典》第一百五十七条规定，民事法律行为无效、被撤销或者确定不发生效力后，行为人因该行为取得的财产，应当予以返还；不能返还或者没有必要返还的，应当折价补偿。有过错的一方应当赔偿对方由此所受到的损失；各方都有过错的，应当各自承担相应的责任。据此，如果开发商在购房合同中承诺了物业管理条款、内容，而购房客户认为自己受误导而签约并遭受较大经济损失，则可以要求撤销该购房合同，双方退房退款。如果客户因此遭受损失，如装修费等，业主可以向开发商提出索赔请求。

案例28：业主享有管理费开支的知情权

💼 案例背景

某小区物业公司贴出了公告，通知业主交纳本月管理费，其中一些费用只列出了应交的总额，没有列出各项目的具体费用。因此，小区的大部分业主要求物业公司定期公布所有项目开支总数及细节，以接受大家监督。物业公司负责人则认为，他们只要根据物业管理委托合同所规定的服务要求开展工作，定期公布，告诉大家是收支平衡还是超支便可以了，又不是审计，不需要公布细节。业主与该物业公司因此产生了纠纷，后双方争执不下，业主向人民法院起诉，请求法院保护其作为消费者的知情权。

📑 案例点评

根据《消费者权益保护法》第八条的规定，业主作为消费者是享有知情权的。但是业主无权要求物业公司公布所有项目的开支总数及细节。业主享有的知情权主要包括：

（1）对物业管理服务质量进行了解。

（2）对物业公司制定的各项规章制度及业主公约进行了解。

（3）对每个月的经费收入与支出情况进行了解。

（4）对住宅小区（大厦）的管理中出现的重大事故（事件）进行了解。

（5）对物业管理内容的重大调整、修改进行了解。

（6）对选聘物业管理企业的情况进行了解。

（7）对物业管理的投诉情况进行了解。

业主对物业公司账目的了解应是总体了解，如每个月收入多少，各类物业管理工作开支多少，这些费用支出是否合理，出现亏损的原因是什么等。并不是每一笔支出的用途、合理与否都需要物业公司说明。

案例29：业主拖欠物业费，物业公司依靠法律追回

■ 案例背景

2018年，某物业公司与某房地产公司签订了"前期物业管理服务合同"，约定某物业公司为某房地产公司的某商品房小区提供服务，时间从2018年11月8日至2020年11月8日。小区的业主办理了收房手续，并和物业公司签订了"服务协议"，约定物业费是每平方米每月2.2元，物业费交纳的时间是每季度第一个月的20日前。

但由于小区入住率太低，大部分业主拖欠物业费，在服务合同到期后，该物业公司停止提供物业服务并退出了该小区。随后，物业公司的工作人员不断致电、致函欠费业主，催收拖欠的物业费，但欠费业主以种种理由拒绝交纳。截止到2021年11月18日，该小区共有113户业主共拖欠物业服务费24万多元。2021年11月20日，物业公司将其中9名业主起诉至法院，要求其支付拖欠的物业费和滞纳金。

通过法官、律师和业主的沟通协商，有5名业主愿意支付拖欠的物业费。另外4名业主没有与物业公司达成调解，最后法院判决这4名业主支付拖欠的物业费和滞纳金。

▤ 案例点评

《物业管理条例》第七条规定，业主的主要义务之一就是按时交纳物业服务费用；第四十一条规定，业主应当根据物业服务合同的约定交纳物业服务费用。可见，业主交纳物业服务费是一种合同义务，业主不按时交纳物业服务费，则构成违约。

理论上的问题容易理清，现实的难题却不容易解决。追讨业主所欠物业费之所以成为难题，主要有两个原因：第一，许多业主购置房产是为了投资，并不是

为了居住，经年累月不见业主本人。第二，业主欠交物业服务费构成违约，对此物业公司可向法院起诉追索物业服务费。这种方式虽然合法，但效率却很低，尤其是当个别业主欠交的物业费数额不过数百元或数千元时，逐一起诉这些违约的业主，本身的诉讼成本就非常高。

面对上述难题，物业公司可明确以下一些思路：

（1）《物业管理条例》第六十四条规定，违反物业服务合同约定，业主逾期不交纳物业服务费用的，业主委员会应当督促其限期交纳；逾期仍不交纳的，物业服务企业可以向人民法院起诉。

（2）鉴于业主欠交物业服务费具有主体众多、数额较小等特点，物业公司可以聘请相关律师专门负责这一块的事务，如此可以解决追讨物业费所面临的起诉成本高、效率低等问题。

（3）业主将房屋出租、出借，即业主与实际居住人不一致的，无论业主与实际居住人如何约定，业主均不能免除交纳物业服务费的义务。换言之，若实际居住人未按时交纳物业服务费，业主仍然负有交纳该费用的义务。

第十六章 公共收益管理

现在越来越多的小区业主开始关注小区公共收益的收支情况，对于这个问题，物业服务企业应当予以重视。业主作为小区的主人，业主委员会作为全体业主的代表，有权了解公共收益的情况。换句话说，物业公司有义务将公共收益向全体业主进行公示。

第一节　管理要点

一、公共区域经营性收入的归属

法律规定早已明确了权利的归属：小区公共区域的经营性收入归全体业主所有。

1.小区公共区域有哪些

《民法典》第二百七十一条规定：业主对建筑物内的住宅、经营性用房等专有部分享有所有权，对专有部分以外的共有部分享有共有和共同管理的权利。

《民法典》第二百七十三条规定：建筑区划内的道路，属于业主共有，但是属于城镇公共道路的除外。建筑区划内的绿地，属于业主共有，但是属于城镇公共绿地或者明示属于个人的除外。建筑区划内的其他公共场所、公用设施和物业服务用房，属于业主共有。

上述规定虽然没有明确说明外墙面属于业主共有，但实质上已将外墙面纳入了"其他公共场所"的范围内。

2.经营性收入的归属

既然公共区域的所有权是全体业主共有的，那么要在公共区域进行经营，自然须经业主委员会同意，其收入也应归全体业主所有。

二、公共区域经营性收入的管理

1.利用公共区域经营，应按规定办手续

《物业管理条例》第五十四条规定，利用物业共用部位、共用设施设备进行经营的，应当在征得相关业主、业主大会、物业公司的同意后，按照规定办理有关手续。业主所得收益应当主要用于补充专项维修资金，也可以按照业主大会的决定使用。

物业公司要获得经营权，最好和业主委员会达成一个协议，对经营的收益、日常的经营管理、收益的分成等问题进行约定。

2.经营收入的管理

经营性收入通常用作小区公共部位的维修资金，物业公司只是代为经营和管理。经营收入开支的财务报表至少半年对全体业主公示一次。如果没有公示，则可以视为物业公司违法经营。如果物业服务合同中写明小区公共区域的经营性收入全部归物业公司，同样也可以视为物业公司违法经营。

第二节　案例解析

案例01：公共收益应按服务合同支付

🧳 案例背景

深圳市彩生活物业管理有限公司及其分公司与南昌市红谷滩新区滨江豪园业主委员会于2013年9月19日签订了物业管理合同，合同期限为2013年9月25日至2016年12月31日。合同约定，小区经营性项目的经营收益除用于支付业委会费用外，首先用于归还物业公司垫支的费用，然后再按照五五比例分成。合同期限届满后，该物业公司仍继续提供物业管理服务。

2017年12月，该小区第三届业主委员会成立后，向物业公司发函，要求其支付公共收益款。2018年12月31日，滨江豪园小区选聘新的物业公司，并表决通过，委托业委会代表小区对彩生活物业拖欠小区公共收益及小区

财产损失事宜提起诉讼。2019年1月，彩生活物业公司撤场。因双方未能协商一致，业委会起诉到法院，主张彩生活物业公司支付其在2015年1月1日（此前账目已两清）后收取的地面停车费、临时停车费、摆摊费用、广告费用、通信基站租赁费用等的分成款。

法院认为，物业公司利用业主的共有部分产生的收入在扣除合理成本之后属于业主共有。双方签订的物业管理合同合法有效。对于合同期限届满后至该物业公司撤场前的公共收益，仍应按合同约定处理。遂判定：彩生活物业公司向滨江豪园第三届业主委员会支付上述费用分成款78.25万元，电梯广告服务费41.92万元。

案例点评

小区公共收益的分配受到了广大业主的普遍关注，本案具有典型的示范意义。目前，太多小区的物业公司利用把持公共区域的职务便利，获取大量的公共收益，但是收益却极少公开，即使公开也无法知晓收益的去向。这类案件不仅对原告主体资格有要求，而且也具有很大的举证难度，因此，本案最终获得胜诉非常不容易，值得推荐。

案例02：业主享有公共收益的知情权

案例背景

2016年6月1日，原告天伦华庭业主委员会与被告南昌新瑞物业管理有限公司签订了"小区物业管理委托合同"，委托被告进行物业管理。合同约定：委托管理期限为三年，从2016年6月1日起至2019年5月31日；每年每一季度，被告向全体业主和物业使用人公布上年度相关管理经费的使用情况。同日，签订了"天伦华庭小区物业管理补充协议"，协议约定：乙方（被告）每年从小区共用部分的收入中一次性拨付给甲方（原告）办公经费3万元，剩余收入用于小区公共设施的维护和设施的添加，乙方（被告）应公布共用部分收入和资金的使用情况。被告从2016年6月1日经营至2021年4月8日退出天伦华庭小区。被告在经营期间，对公用部分进行了对外租赁及投放广告，收取了租赁费、广告费、停车费、物业费等费用。2020年12月19日，天伦华庭小区第二届业主委员会成立并备案，其向法院起诉，主张被告公开2016年6月1日至2021年2月9日管理期间的公共收益账目情况，公开小区建筑物及附属设备设施（含消防设备、设施）专项维修资金使用情况等。

法院认为，业主对物业共用部位、共用设施设备和相关场地使用情况享有知情权和监督权。被告在物业管理期间利用业主的共有部分产生了收入，根据双方签订的合同及法律法规的规定，全体业主对被告管理期间的公共收益情况，应享有知情权。遂判决支持原告诉请。

📑 案例点评

物业服务企业不公开公共收益，侵害业主财产权益的情况并不少见。当物业服务企业不主动公布相关信息时，业主、业主委员会应积极通过法律手段，保护业主的知情权，维护业主的切身利益。

案例03：小区地面停车位收益归谁所有

💼 案例背景

某物业公司受开发商委托对某花园小区进行前期物业管理。在发给小区业主的手册中，明确写到，物业管理范围包括道路等；物业管理费主要包括管理与服务人员的工资及按规定提取的福利费、小区公用设施维修及保养费、绿化管理费，但未涉及地面停车位管理内容。该花园小区建成交付使用后，地面停车位约有40个，以后渐渐发展到近100个左右。

2017年8月，该花园小区业主大会依法成立，某物业公司提出终止前期物业管理服务合同，遂在2017年11月底结束了在该花园小区的物业管理事务。同日，小区业委会提出要求移交相关资料及财产，包括本案争议的地面停车费。2017年12月，某物业公司回函对公益性收费的收支进行了说明，其中地面停车费结算后收益为零。小区业委会对此结算提出异议，在多次协商未果的情况下，于2018年5月诉至法院。

小区业委会认为，按前期物业管理服务合同约定，小区地面停车位属全体业主所有，其收益也归全体业主，故要求判令某物业公司返还停车费14.1

万元及利息1万元。

　　某物业公司承认在管理小区物业期间，收取过上述金额的停车费，但收取的地面停车费已全部用于支付车辆管理人员的工资及法定税费，并无余额。

案例点评

　　地面停车位属于小区业主共有，某物业公司利用地面停车位收取的停车费，应返还给小区业委会，但应扣除必要的、合理的管理成本。小区的地面停车管理虽不在约定的物业管理范围内，但是该花园小区的停车管理客观存在，必然产生相应的管理成本，所以小区业委会要求全额返还地面停车费收入，没有依据。某物业公司在剔除管理小区地面停车位的成本后，应返还小区业委会部分地面停车费。

　　本案例主要涉及以下两个问题：第一，商品房小区的地面停车位归属；第二，小区地面停车费收益的归属和分配。

　　第一，商品房小区的地面停车位归属。小区地面停车位是政府核发建设工程规划许可证并批准同意，在商品房住宅小区地面上直接设置的停车设施。对于此类地面停车位的权属，《民法典》第二百七十五条第一款规定：建筑区划内，规划用于停放汽车的车位、车库的归属，由当事人通过出售、附赠或者出租等方式约定。第二款规定：占用业主共有的道路或者其他场地用于停放汽车的车位，属于业主共有。本条规定容易使人误解第一款针对的是规划车位，而第二款针对的是非规划车位。事实上，只要地面停车位设置于业主共有的道路或其他场地，其权属都由全体业主共有，而不论该车位是否经过规划许可。商品房小区建设完成后，随着小区内房屋的出售，小区建筑区划内的土地使用权也随之转移，小区共有部分的土地使用权归小区业主共有。地面停车位是直接设置在土地表面的停车设施，占用业主共有使用权的土地表面，其所谓的产权实际上是土地使用权。开发商将商品房向业主出售后，建设范围内的土地使用权归属全体业主。地面停车位是占用业主共有道路或者其他场地停放汽车的车位，其归属也应当是随土地使用权确定，即应当作为共有部分由业主共有。

　　第二，小区地面停车费收益的归属和分配。《民法典》第二百八十二条规定，建设单位、物业服务企业或者其他管理人等利用业主的共有部分产生的收入，在扣除合理成本之后，属于业主共有。首先，该规定明确了共有部分收益应当归属于全体业主共有。其次，共有部分产生的收益中，开发商、物业公司或其他物业管理人可以扣除合理成本，产生收益所必须发生的费用，不应由开发商、物业公司或其他物业管理人来承担。最后，扣除合理成本后的其余收益应当属于业主共有。由此可见，小区地面停车位的收益所有权必然属于业主共同所有，但是这里所指的收益应当是扣除相应的管理成本后的纯收益。在本案中，某物业公司为管理停车场付出了管理成本，应当支付其相应的费用，而剩下的停车费则属于小区业主委员会所有，其用途由业主大会决定，可以用于补充公共维修资金，也可以分配给全体业主。

案例04：小区电梯广告收入归谁

📁 案例背景

上海某小区的陈先生投诉称，在他们小区的电梯间里，经常会有一些广告。小区每个电梯都有三个广告位，每月都会有固定的广告收入，但是别人在电梯里打广告，这些钱业主却收不到。陈先生认为，房子已经由开发商卖给了业主，公共部分也进行了分摊，因此，在电梯里面做广告，收入就应该是业主的，为何不用这些收入来补贴管理费或者维修电梯呢？

而该小区管理处经理则说，小区电梯广告确实是管理处在经营，但收入是全体业主的。因为业主委员会没有账户，收入目前在物业公司的账上，账目由业主委员会进行监管。这笔钱怎么用，是否补贴管理费用，需与业主委员会讨论。即使补贴管理费，也不能说管理费就能下调，目前小区物业管理处于亏损状态，账目也给业主委员会看过。而且，管理处并没有从电梯广告收入中收取任何管理费。

小区业主委员会主任也表示，小区在和物业公司签订管理合同时，就已明确电梯广告收入归全体业主和业主委员会。小区共有30部电梯，每部电梯广告收入每年2000元。但这笔收入目前还在管理处，并没有转到业主委员会。小区业主委员会已申请账户，正与管理处交涉，拟将这笔收入转过来。

📑 案例点评

《民法典》第二百七十一条规定，业主对建筑物内的住宅、经营性用房等专有部分享有所有权，对专有部分以外的共有部分享有共有和共同管理的权利。电梯间、小区楼房外墙等部位都属于建筑物共有部分，归小区业主共有。依据《民法典》规定，小区内公共设施所有权应属业主共有，由此产生的收益也应归属业主，物业公司只是代替管理而已。小区业主委员会应该介入，以保护业主的权益。电梯间要经营广告，须经业主委员会同意，其收入也应归全体业主所有。

本案例中，由于业主委员会没有自己的账户，所以电梯间广告收入还在物业公司手里，一般用来补充物业管理费的不足、业主的其他各项开支，或划归房屋的本体维修基金和房屋公用设施专用基金里。不过，由于物业公司在经营电梯广告上投入了劳动，也可以收取一定的管理费用。

案例05：物业公司可以将电梯间擅自出租吗

💼 案例背景

某市新建住宅小区的物业公司为了开展多种经营，将小区中一幢楼的底层电梯间分隔出一个小间，出租给一位业主开了一家小吃部，每月租金近千元。

小吃部开业之后，业主们意见纷纷，向物业公司和业主委员会的投诉不断，原因是该小间缺少卫生设施，影响了楼内的卫生。业主委员会向物业公司提出意见，要求取消小吃部，并把出租期间得到的收益用在物业管理上。

物业公司认为，开设小吃部是为了方便居民，并且物业公司作为小区管理者，有权处理这些事务。关于小吃部的卫生问题，物业公司可以对其进行管理。业主对物业公司处理该事件的方法和结果不满，于是，将物业公司告上了法庭。

法院经审理认为，物业共有房屋部分出租，必须征得大多数业主或业主委员会同意，而且收益要归物业产权所有人共有。物业公司未经物业产权所有人同意，擅自将业主共有的公共部位转让于他人经营，侵犯了物业产权所有人对公共部位的使用权，故判决物业公司停止侵权、恢复公共部位原状、赔偿物业产权所有人的损失。

📖 案例点评

本案例中，物业公司没有权利擅自出租电梯间，对于公共部分的出租应由业主委员会决定。

根据我国的物业管理法规，物业公司在管理物业的过程中应当接受业委会以及业主或使用人的监督。对于重大的管理措施，应当提交业委会审议，并经业委会认可后方可执行。而该物业公司未经小区业委会及大部分业主同意，擅自出租业主共有房屋，并改变了其使用功能，是侵犯业主财产权的行为。

同时，物业管理法规明确规定：物业公司必须保证房屋及设施、设备、场地的使用功能正常化，目的是方便居民，其中包括小区的治安、卫生、交通等。该物业公司将楼内的电梯间分出一部分出租，改变了其功能，并且影响了楼内的安全、卫生，因此，不符合我国《物业管理条例》的相关规定。可见，该物业公司的行为是一种违反法规的行为。

案例06：小区会所应当合法经营

💼 案例背景

某高档小区交付使用后，业主对正在建设中的物业配套项目——会所提出了异议。业主认为：第一，建设单位改变、扩大了会所的经营范围和营业面积，侵犯了业主的合法权益；第二，会所经营将带来噪声、污染等问题，会损害业主利益，降低物业档次；第三，会所开业经营的车流、人流和混乱等问题会给小区的安全带来威胁等。

业主的意见首先是在物业公司和建设单位共同组织召开的遗留问题座谈会上，以口头形式向建设单位提出的。建设单位代表当场表示，会对业主提出的问题进行研究并予以答复。但一段时间后，建设单位没有回应，于是业主以书面形式正式通知建设单位，再次要求答复。但建设单位仍未回应，只是要求物业公司出面做安抚、沟通和疏解工作。

物业公司按照建设单位的要求进行了相应的工作，但遭到大部分业主的拒绝。部分业主以集体签名、书面上访的形式向政府相关部门投诉。政府相关主管部门表示，在进行必要的调查核对工作后才能予以答复和处理。同时，政府主管部门建议双方协商解决，并明确要求建设单位就业主提出的问题作出回复。按照主管部门的要求，建设单位以公告的形式对业主提出的问题进行了回复。公告要点为：

第一，会所系物业配套设施，现建设中的会所并未改变原设计方案，也未超出经营范围，且与售楼承诺书以及购房合同附加条款的约定是一致的。

第二，针对会所空调设备的噪声问题，已购置专门设备进行降噪处理，预计噪声可降到45分贝以下。

第三，关于人流、车流及治安等问题，正在研究具体措施和管理办法，力争在会所开业时全面解决问题。

建设单位的公告发出后，业主非常不满。认为开发建设单位根本没有将业主置于平等对话的位置，毫无解决问题的诚意。于是，部分业主采取拒交管理费、阻挠会所施工等办法进行对抗；部分业主表示会采取相应的法律措施和手段；另一部分业主则表示将采取更加激烈的方式。一时间在会所项目问题上，业主和建设单位、会所以及物业公司的矛盾骤然升温。

案例点评

以本案例来说，建设单位并无变更设计、扩大经营范围等，因此会所项目并未构成违规、违法。矛盾的升级有业主的问题，因为该高档小区的业主素质普遍较高，社会关系发达，业主抵触会所项目的核心原因可能不在于会所项目本身，而在于项目经营带来的副作用，如破坏业主的生活状态、引发物业秩序的紊乱、降低物业档次、侵犯业主个人隐私等。而建设单位并没有积极的回应导致矛盾加剧。

本案例中问题的解决，理想和合理的手段与途径是充分沟通理解、达成共识。开发建设单位等应主动以真诚的态度去沟通和对话，化解业主对会所项目的抵触情绪，尽快结束对抗局面，共同协商解决面临的矛盾和问题，切实营造融洽良好的双方关系和管理服务氛围。只有当矛盾确实无法调和解决时，再考虑引入行政仲裁、法律诉讼等手段。

本案例中，物业公司应当以中间人的身份，针对业主的诉求，力促建设单位成立专题工作小组，制订科学有效的危机化解方案，直面业主，尽快解决问题。切忌建设单位不出面、不负责，物业公司包打天下。物业管理方应居间协调、不偏不倚，维护业主和建设单位双方的合法权益和根本利益。否则在今后的物业管理中，业主将对物业公司心存芥蒂，物业管理服务也将处于被动状态。

案例07：物业公司是否有权收取外墙广告收益

 案例背景

2020年5月，陈某与某商业广场步行街二楼11～19号共9间商铺的业主签订商铺租赁协议，约定承租上述商铺经营酒吧，双方同意并委托被告某物业公司对其进行物业管理。2021年8月，陈某将酒吧依法转让给原告刘某。原告刘某与被告某物业公司签订"物业管理服务协议"，约定了物业服务管理期限、委托管理服务项目、服务质量、服务费用等，且该协议的第九条载明，物业范围内的广告牌由被告根据实际需要设置，任何广告牌的设置不得妨碍其他业主或使用人的合法权益，共有部分的广告牌收益作贴补物业管理经费之用。之后，原告向被告支付了3个月的物业管理费。被告授权该案第三人某市场管理公司对上述商业广场的广告经营、招商等事宜统一协调、规划、管理。2021年9月24日，第三人向原告出具广告位租赁通知，称酒吧外立面的酒吧广告牌现对外出租，价格为每平方米300元，若原告需继续租赁，要在两日内予以答复，否则视为不作续租，原告对此未予理睬。2021年10月24日，被告用其他广告牌覆盖了酒吧广告牌。2021年12月23日，被告又将其恢复原状。在相关部门出面调解无果的情况下，原告将物业公司及第三人告法庭。

原告诉称：被告在无业主授权、无法律依据、无9间商铺外墙立面店招广告牌位出租经营权的情况下，单方在"物业管理服务协议"的格式合同中设置该商业广场广告牌位出租经营权、收益权，原告在不懂法、不知其意图和存在重大误解的情况下，签了字，该协议依法应归无效。由于被告将原告店招广告牌出租他人，使得原告店招广告牌被覆盖，给原告造成了经济损失。故请求法院判令：确认原、被告于2021年8月签订的"物业管理服务协议"无效；判令被告停止侵害，恢复原告广告牌原状；赔偿原告直接经济损失17.1万元，间接经济损失5万元，诉讼费由被告承担。

被告辩称：原告设置的招牌属于公共管理区域，而物业公司有权对公共区域进行管理，其要求原告支付租赁费是合法的。且根据与原告签订的"物业管理服务协议"第九条的规定，物业公司有权收取广告牌收益。被告授权第三人向原告发出"广告位租赁通知"，原告没有支付广告位租赁费，则视为原告不作续租，所以被告才将原告设置招牌的区域出租给另一商家设置广告牌。因另一商家设置的广告牌与该区域整体霓虹灯广告外观形象不符被拆除，就又恢复了原告的广告牌。故被告并未侵害原告的权利，请法院依法驳回原告的诉讼请求。

法院审理认为：原告作为上述9间商铺的承租人，依约享有从业主处转让的对建筑物共有部分的合理使用权，有权在共有部位设置广告牌。被告作为某商业广场的商业商铺物业管理人，没有法定或约定的收取共有部分广告费收益的权利，其以原告未支付共有部分广告费收益为由，擅自将原告设置的广告牌覆盖，侵犯了原告的合法权益，依法应当承担全部责任。原告的广告牌被覆盖必将影响公众对其经营情况的注意，从而使其经营受到一定影响，但对广告牌被覆盖后所受到的影响有多大，原告未能提交充足的证据证明。法院综合相关情况，酌情考虑被告赔偿原告经济损失2万元。

案例点评

对于此类案件，建筑物外墙面的使用权和收益权依法属于全体业主，物业公司未经业主大会或业主委员会的授权无权收取外墙面的广告收益。

本案例中，被告物业公司是否有权收取外墙广告牌收益的关键是原、被告双方签订的"物业管理服务协议"第九条"关于物业公司有权收取广告牌使用费用以补充管理费"的约定是否有效。从案情来看，被告未能举证其签订服务协议时得到了业主关于广告牌收益收取的授权，也未能举证其在签订服务协议时已经就服务协议第九条的内容向原告提请注意或按原告的要求对该条款予以解释或说明。因此，该服务协议第九条应属无效。被告物业公司无权依据"物业管理服务协议"第九条的约定向原告收取外墙广告牌收益。

在本案例中，如果物业公司与业主委员会签订物业服务合同，并在该合同中约定将建筑物外墙面的收益权归物业公司所有，并将该收益用于补充物业管理费或物业维修资金，则物业公司具有外墙面的广告收益权。当然，外墙面的使用人设置广告牌时应当不妨碍其他业主权利的行使，也应当符合业主公约关于建筑物外墙面使用的规定。否则，物业公司有权要求使用人予以拆除。